5-Elemente-Küche

Ursula Wetter

5 ELEMENTE KÜCHE

Westlich kochen nach der chinesischen Ernährungslehre

AT Verlag

AT Verlag, Aarau, Schweiz
Fotos: Andreas Thumm, Freiburg i. Br.
Gestaltung und Illustrationen: Edith Günter-Biedermann, Bern
Satz und Lithos: AZ Grafische Betriebe AG, Aarau
Druck und Bindearbeiten: Kösel GmbH, Kempten
Printed in Germany

ISBN 3-85502-621-1

INHALTSVERZEICHNIS

Vorwort

«Was wir können müssen
Mit Verstand ein Weinlein schlürfen,
froh sein, dass wir leben dürfen,
eine hübsche Jungfer küssen,
nie sich sklavisch ducken müssen.
Freundschaft mit den Freunden pflegen,
möglichst sich normal bewegen,
keinem die Erfolge neiden,
dankbar werden und bescheiden.
Aber, mit sich selbst im Klaren,
dennoch seinen Stolz bewahren,
die Talente frei entfalten,
kritisch sich und wach verhalten.
Gegen die Vergreisung kämpfen,
seine eigene Stimme dämpfen,
auch die Gegner walten lassen,
weder sich noch andere hassen.
Niemals wegen Nichtigkeiten
blau sich ärgern oder streiten
oder hypochondrisch werden
und sein Glück dadurch gefährden,
Sondern still sein Weinlein schlürfen
und, solange wir's noch dürfen,
die erwähnte Jungfer küssen.
Das ist alles, was wir wollen
respektive können sollen
respektive können müssen.»

Ich danke dem mir leider unbekannten Verfasser für dieses Gedicht. Mit seiner Lebensweisheit will ich dieses Buch beginnen.

Jede Lehre, ob westlich oder östlich, sollte uns dahin führen: zur Freude und zum Genuss des Lebens. Und dies alles mit gesundem Menschenverstand. Die chinesische Ernährungslehre möchte nichts anderes. Sie setzt keine Dogmen, sie will nichts verbieten, sie teilt nicht ein, sondern zeigt einen Weg. Ihr höchstes Ziel ist das Mensch-Sein. «Froh sein, dass wir leben dürfen ... und still sein Weinlein schlürfen, das ist alles, was wir wollen respektive können sollen respektive können müssen.»

Einleitung

DAS TAO DES RICHTIGEN ESSENS

Die Ernährung nach chinesischen Grundsätzen ist das Tao der richtigen Ernährung und des richtigen Essens.

«Niemals wegen Nichtigkeiten blau sich ärgern oder streiten ...» Diese Worte aus dem einleitenden Gedicht besagen etwas sehr Wesentliches, das in der chinesischen Medizin das Tao der richtigen Lebensweise genannt wird. Bei Ärger ist es einfach, die Nahrung zu schlucken, aber schwierig, sie zu verdauen. Der Magen hat keine Zähne, und so wird alles Heruntergewürgte unverdaut im Magen liegen bleiben. Freude und Ruhe beim Essen sind die besten Tischnachbarn. Ernste Gespräche oder hitzige Diskussionen während der Mahlzeiten lenken die Aufmerksamkeit weg vom eigentlichen Verdauen hin zum «Problem-Zerkauen». So empfiehlt es sich auch, eine Art Trennkost zu pflegen zwischen Geschäft und Essen.

Ein anderes Thema ist der Glaube an das Gute und Schlechte in der Ernährung. Unsere Kultur ist stark von der Vorstellung von «gesund» und «ungesund» geprägt. So wird vieles mit dem Etikett «schlecht» betitelt, meist durch die Medien mit schlagkräftigen Zeilen gewürzt, was beim Geniesser des «Ungesunden» zu Schuldgefühlen führt. Die mit Schuld beladenen Happen sind schwer, und alles Schwere ist nicht leicht verdaulich.

Die chinesische Ernährungslehre geht hier andere Wege. Sie spricht nie von gesund oder ungesund, sondern von zu viel oder zu wenig. Alles, was wir unserem Körper im Überfluss zumuten, ist ungesund. Wenn der Mensch lernt, die Nahrung nicht nur nach Ideologien wahrzunehmen, sondern in Bezug auf seinen Körper, dann erst kann er bewerten, ob seine Ernährung gut oder schlecht ist für seinen Organismus.

Die Haltung gegenüber dem Essen, der richtige Zeitpunkt zu essen und im Einklang mit sich, ist das, was man chinesisch das Tao der richtigen Ernährung und des richtigen Essverhaltens nennt. Die Harmonie ist der Mittelpunkt in jedem Bereich des chinesischen Denkens, sei es in der Lehre der Akupunktur, der Kräuterheilkunde und Ernährungslehre oder in der Pflege der Lebensweise. Das Tao ist der Weg, der den Menschen hinführen will zum richtigen Umgang mit sich und der Natur. Ernährung und Ernährungstherapien werden immer als Weg verstanden, eine ganzheitliche Lebensweise zu pflegen. Das angestrebte Ziel ist die Harmonie. Das Wichtigste in der Ernährung ist und bleibt die Freude am Essen, die Liebe zu den Lebensmitteln und das Bewusstsein dessen, dass man durch das Essen nicht nur seinen Hunger stillt, sondern seine Ganzheit nährt.

Der Unterschied zwischen westlichen und östlichen Ernährungslehren

Wir im Westen haben, geprägt durch unser analytisches Denken, gelernt, Nahrungsmittel zu bewerten. Wir analysieren sie nach Nährwert und Brennwert. Unsere Ernährungsziele orientieren sich eher am Detail, und so teilen wir die Nahrung ein nach ihrem Anteil an Kohlenhydraten, Fett, Eiweiss und nach ihrem Reichtum an Vitaminen, Mineralstoffen und Spurenelementen.

Die Nahrung dient uns vor allem zum Aufbau der in unserer Gesellschaft so stark geforderten Leistungen. Dabei richten wir unsere Ernährungsgewohnheiten so aus, wie sie von der Ernährungswissenschaft als bedarfsdeckend und körpergerecht errechnet werden. Auch wir streben ein Gleichgewicht an, indem wir uns um die «richtige» Ernährung bemühen, wir orientieren uns dabei aber eher an quantitativen Werten oder eben der Einteilung in «gesund» und «ungesund».

Das chinesische Denken zur Ernährung beruht auf der Vorstellung, dass Energie die Materie durchdringt und sie verändert. «Werte» nützen nur dann, wenn sie verwertet werden können. Fehlt es dem Menschen an Energie, zum Beispiel Verdauungsenergie, dann wird er das Wertvolle nicht wandeln, nicht für sich selbst wertvoll machen können. Damit setzt die chinesische Ernährungslehre ganz andere Werte, und obwohl sie die Details nicht verkennt, tritt sie von diesem Detailwissen einen grossen Schritt zurück, um es gemäss ihrem Weltbild in einer Ganzheit zu sehen.

Ihr oberstes Prinzip ist die Mutter Erde; sie ist die Quelle für unsere tägliche Ernährung. Nicht wir können die Natur beherrschen, sondern die Natur dient uns mit Lebens-Mitteln. Hier liegt auch der Unterschied zwischen Nahrungsmitteln, welche nur auf ihre Nährwerte reduziert werden, und dem, was die östlichen Lehren als Mittel zum Leben (Lebensmittel) verstehen.

Das Grundprinzip der chinesischen Ernährunglehre ist die Harmonie. Die Ernährung soll so sein, dass sie keine körperlichen Disharmonien schafft. Das heisst, sie soll ausgeglichen sein in der thermischen Wirkung und ausgeglichen in den fünf Geschmacksrichtungen.

Die Harmonie ist der Mittelpunkt in jedem chinesischen Denken, in der Akupunktur, in der Kräuterheilkunde, in der Ernährung und in der Lebensweise. Das Tao ist der Weg, der den Menschen hinführen will zum richtigen Umgang mit sich und der Natur.

TCM – DIE TRADITIONELLE CHINESISCHE MEDIZIN

Die Traditionelle Chinesische Medizin, wir werden sie im Folgenden TCM nennen, umfasst:

Die Lehre vom	**Tao,** dem Weg.
Das Verständnis des	**Qi,** der Lebenskraft,
in den zwei grundlegenden Polaritäten	**Yin** und **Yang** (das Zusammenspiel),
in der kosmologischen Struktur	**Himmel–Mensch–Erde** (in der alles existiert),
im Rhythmus der 4 Jahreszeiten	**Frühling, Sommer, Herbst, Winter** (die dynamischen Aspekte des Qi),
in den fünf Elementen	**Holz, Feuer, Erde, Metall, Wasser** (Wandlungsphasen des Qi),
in den klimatischen Bedingungen	**Wind, Hitze, Nässe, Trockenheit, Kälte** (mögliche Zustände des Qi),
in den fünf Yin- und den fünf Yang-Organen	**im menschlichen Körper.**

Die Ernährung richtig zu verstehen ist der Anfang der Heilung und das Ende der ernährungsbedingten Krankheiten. Richtig bedeutet in der chinesischen Ernährungslehre, ein harmonisches Gleichgewicht zu schaffen. Die Nahrung wird nach ihrer Wirkrichtung im Körper sowie der Zuordnung zu den fünf Elementen eingeteilt.

Der Wechsel der Jahreszeiten ist der äussere Rhythmus, der sich auch im menschlichen Körper auswirkt. Die Ernährungsgewohnheiten den jahreszeitlichen Bedingungen anzupassen bedeutet einen inneren Schutz gegen äussere Klimate.

QI – DAS GROSSE GEHEIMNIS DER CHINESEN

Was ist so geheimnisvoll an diesem Qi, der Lebenskraft? Dass es sich wandeln, sich verändern und verschiedene Formen annehmen kann. Man spricht deshalb von den Wandlungsphasen oder Wechselphasen des Qi. Doch alle Erscheinungsformen des Qi sind letztlich wiederum ein einziges Qi.

Der Kern der TCM ist das Wissen vom Qi. Für die Chinesen ist Qi die Basis allen Seins. Die ganze Vielfalt der Erscheinungsformen zwischen Himmel und Erde, sei dies in der Pflanzenwelt, in der Tier- oder Menschenwelt, im Sichtbaren (Materiellen) oder im Unsichtbaren (Feinstofflichen) – alles ist Qi. Wir können es Schöpferkraft, Lebenskraft oder den Odem nennen. Meist wird es einfach mit «Energie» übersetzt. Wenn das Qi sich verfeinert und in subtile Formen übergeht, spricht man vom immateriellen Qi. Alles Leichte, Feine, Klare strebt nach oben, symbolisch als Dunst dargestellt, und erzeugt den «Himmel». Wenn das Qi in festere und gröbere Formen übergeht, spricht man vom materiellen, verdichteten Qi. Alles Schwere, Grobe und Trübe, symbolisch als Reiskorn dargestellt, sinkt nach unten und erzeugt die «Erde».

Zwischen dem Dunst und dem Reiskorn besteht also eigentlich kein Unterschied, beides ist Qi. Das eine zart und fein, das andere grob und dicht. Dies ist vielleicht besser am Beispiel des Wassers zu erklären. Wasser ist, chinesisch gesprochen, Qi (Energie). Ohne Wasser gibt es kein Leben. Wenn Wasser sich als Dunst nach oben, Richtung Himmel bewegt, hat es eine zarte Form angenommen, sinkt es nach unten und wird durch Kälte zum Eiskristall, hat es eine feste Form angenommen. Damit hat das Wasser seine Form, nicht aber seine Natur verändert.

In welcher Form auch immer, das Qi will fliessen, um zu wandeln und zu werden. Im menschlichen Körper geschieht fortlaufend Wandlung. Nahrung muss abgebaut und wieder zu körpereigenen Substanzen aufgebaut werden. Dies sind energieaufwendige Prozesse. Deshalb ist die Anwesenheit und der freie Fluss des Qi sehr wichtig.

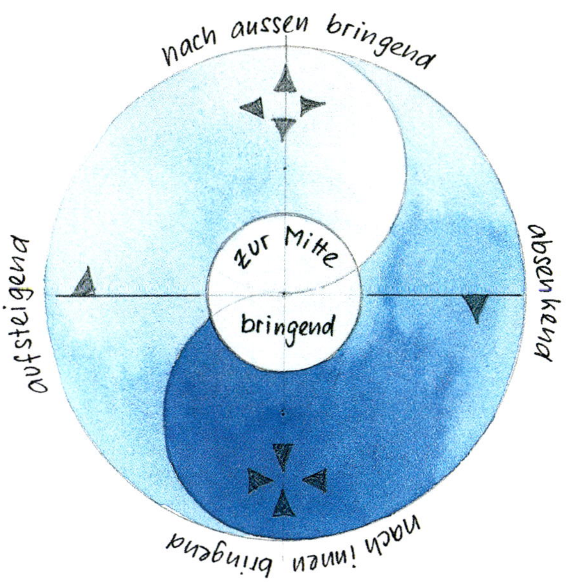

Das Qi kennt 4 Bewegungsrichtungen:
- aufsteigend
- nach aussen bringend
- absenkend
- nach innen bringend

Die fünfte Bewegung ist zur Mitte, das heisst ruhend.

Das Qi in seinen fünf Erscheinungsformen und in seinen fünf Bewegungsrichtungen ist nichts anderes als die fünf Elemente, denen wir in diesem Buch immer wieder begegnen werden.

Die Ernährung nach den fünf Elementen bedeutet, dass wir einerseits das kosmische Qi über die tägliche Nahrung aufnehmen, und andererseits, dass durch das Essen in unserem Körper etwas bewegt wird.

Die Ernährung nach den fünf Elementen ist der Einklang mit der Natur. Wenn wir Nahrung zu uns nehmen, essen wir symbolisch gesprochen den Himmel und die Erde. Die von uns gewählte Form der Ernährung schafft in unserem Körper die Erscheinungsform von dem, wie unsere Ernährung ist. Deshalb trifft zu, dass der Mensch ist, was er isst – und er isst, was er ist.

Die Quelle der Lebensmittel, ob sie natürlich gewachsen sind oder künstlich, ob in der Erde oder ohne Erde («hors sol»), ob unter dem Himmel (Sonne) oder ohne Sonne («hors soleil» im Treibhaus), hat auf unser eigenes Qi seine Auswirkung. Biologische (d.h. eigentlich lebens-logische) Ernährung ist auch in der Fünf-Elemente-Ernährung richtig. Ich empfehle jeweils, Früchte, die unreif geerntet und künstlich nachgereift sind, vor dem Verzehr an die Sonne zu legen, damit sie sich nochmals mit Sonnenenergie volltanken können. Hors-sol-Gemüse sollte man mit viel frischen (selbst gezogenen) Kräutern zubereiten, damit das Gericht nicht nur schmackhaft, sondern auch Qi-reich wird.

Körper, Seele und Geist sind im chinesischen Denken nichts anderes als ein Ausdruck des Qi. Und alles, was es zu tun gilt, ist, das Qi richtig zu nähren und dafür zu sorgen, dass es frei fliessen kann – nach oben, nach aussen, nach unten, nach innen. Die fünfte Bewegungsrichtung, das Ruhen in der Mitte, wird dadurch erreicht, dass man sich in Ruhe und mit Freude ernährt; dies ist die Voraussetzung dafür, dass sich das Qi überhaupt erst harmonisch in die anderen vier Bewegungsrichtungen verteilen kann.

Die Chinesen kennen eine besondere Form, diese Mitte zu pflegen: Tai-Ji, Qi-Gong und andere meditative Praktiken haben zum Ziel, dass man in sich ruht, gemittet und zentriert ist, um das Qi zu sammeln und zu bewahren. Die chinesische Medizin sieht ein Hauptproblem der westlichen Kultur darin, dass wir nicht in unserer Mitte ruhen. Aus der Mitte geworfen sein bedeutet auf der Körperebene Verdauungsprobleme, auf der Seelenebene Selbstzweifel, auf der Geistebene ruhelose Gedanken. Und alles lässt sich zurückführen auf das Wirken des Qi.

Das Wissen der TCM ist die Weisheit des Qi. Die Vielfalt der Erscheinungsformen zwischen Himmel und Erde, ob in der Pflanzenwelt, in der Tier- oder Menschenwelt, ob im Sichtbaren oder im Unsichtbaren – alles ist Qi. Wir können es Schöpferkraft, Lebenskraft oder den Odem nennen. Meist wird es einfach mit «Energie» übersetzt.

YIN UND YANG – DIE WIRKKRÄFTE DER NATUR

Die chinesische Sprache verstehen heisst sehr oft ihre Symbole verstehen. Symbole sind immer einfache Darstellungen, hinter denen sich eine grosse Weisheit verbirgt. So stellt auch das Yin-Yang-Symbol vorerst sehr einfach das männliche Prinzip (Yang) und das weibliche Prinzip (Yin) dar.

Dieses Symbol lässt uns aber auch die Bewegung und Wandlungsfähigkeit des Qi erkennen, wenn wir nicht nur die schwarze und die weisse Fläche betrachten, sondern auch ihre Bewegung: das Schwarze bewegt sich in das Helle hinein, und das Helle bewegt sich in das Schwarze hinein. Die Wandlung, wie wir sie zum Beispiel von der Nacht in den Tag, vom Dunkel zum Licht stets neu erleben. Die treibende Kraft, die dahinter steht, ist das Qi, welches wandelt, um wieder neu zu werden.

Das Yin-Yang-Symbol zeigt die Dynamik im Zusammenspiel zwischen zwei Gegenpolen. Erinnern wir uns an die Erklärung des Qi am Beispiel des Wassers. Wenn Wasser durch Wärme erhitzt wird, steigt es nach oben als Dampf oder Dunst. Das Wasser wird somit ganz fein und schwebend. Es hat eine Yang-Form bekommen. Wenn Wasser durch Kälte abgekühlt wird, sinkt es nach unten, entweder als Regentropfen, oder wenn es sehr kalt ist, als Schneekristall. Damit hat das Wasser eine Yin-Form bekommen.

Wenn es weder sehr heiss noch sehr kalt ist, behält das Wasser seine natürliche flüssige oder fliessende Form. Dies bedeutet, dass Yin und Yang ausgeglichen, in Harmonie sind. Dieses Gleichgewicht ist jedoch für jede Erscheinungsform wiederum ganz anders.

Wenn Yin und Yang in Wechselbeziehung sind, gibt es 4 Aspekte:

1. **die Gegensätzlichkeit:** wie Tag und Nacht, Schwarz und Weiss, Mann und Frau, Licht und Dunkelheit, Sommer und Winter
2. **die gegenseitige Abhängigkeit:** Der Tag bringt die Aktivität und die Nacht bringt die Ruhe hervor; die Aktivität kann sich jedoch nur dank dem nächtlichen Ruhen voll entfalten.
3. **die wechselseitige Beziehung:** Der Tag ist in Bezug zur Nacht wärmer und lichtvoller; das bedeutet, dass wir am Tag einen relativen Überschuss des Yang-Aspekts vorfinden, während die Nacht Yin-betont ist.
4. **die wechselseitige Umwandlung:** Der Tag wird sich im Laufe des Abends wieder wandeln in die Nacht, und das Helle wird wieder umgewandelt in das Dunkle.

All dies findet nach ganz bestimmten kosmischen Gesetzmässigkeiten statt. So wie der Tag sich täglich wandelt, geschieht auch in der Natur ein fortwährender Wandel – vom Winter in den Frühling zum Sommer, in den Herbst und wieder in den Winter. Auch der Mensch wandelt sich in seiner Entwicklung vom Moment der Geburt bis zu seinem Tod. Leben bedeutet Rhythmus, und Rhythmus bedeutet, sich den fortlaufenden Veränderungen hinzugeben.

Die Schwierigkeit beim Verständnis von Yin und Yang besteht darin, dass wir sie zwar klar zuordnen können, doch niemals als statische Gegebenheiten, sondern als dynamische Phänomene. Im Kreislauf der Jahreszeiten beginnt im

Frühling das Yang (Licht, Wärme) wieder zu wachsen (es spriesst), und das Yin (Kälte, Dunkelheit) zieht sich allmählich zurück. Wenn das eine erscheint, muss das andere schwinden. Geht das eine nach oben, wird das andere nach unten sinken. Dies nennt man Gesetzmässigkeit.

Genau denselben Gesetzen der Yin- und Yang-Bewegungen folgt unser Körper: Sinkt das Yin, steigt das Yang. Sinkt das Yang, steigt das Yin. Extremes Yin geht in Yang über, und extremes Yang geht in Yin über.

Yin und Yang beschreiben sowohl die Erscheinung wie auch die Bewegung. Leben ist definiert durch Lebendigkeit, und alles, was lebt, wandelt sich. Dieses Wechselspiel von Yin und Yang begegnet uns aussen im Makrokosmos (Tag, Jahreszeit) ebenso wie auch innen im Mikrokosmos (Körper, Organfunktionen). Den äusseren Wandel erleben wir im Tag-Nacht-Rhythmus vom Sonnenaufgang bis zum Sonnenuntergang, im Wandel der Jahreszeiten vom Frühling zum Herbst, vom Sommer zum Winter erleben wir die Veränderung der Natur. Innerhalb dieses Erlebens geschieht unser eigener Rhythmus, von der Jugend bis zum Alter, mit seinen vielfältigen Veränderungen von Pubertät, Wechseljahren usw.

Die bildliche Darstellung von Yin und Yang im Körper:

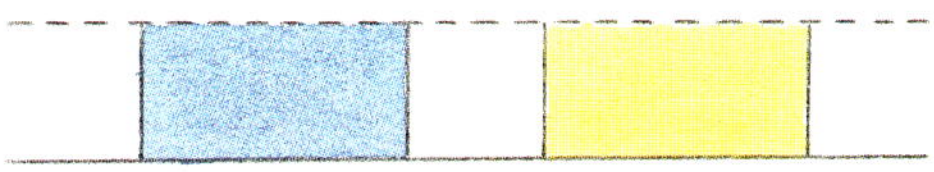

ausgeglichen
im fliessenden Gleichgewicht

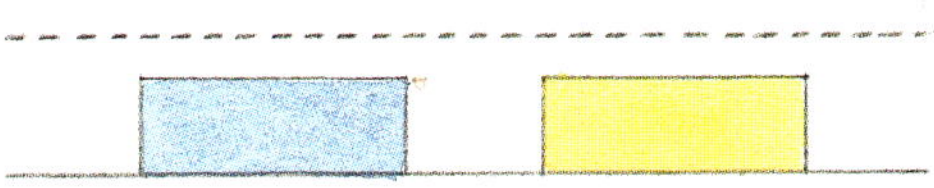

absenkendes Yang und Yin
bei beiden Mangel
Es fehlt an Energie und Substanz.

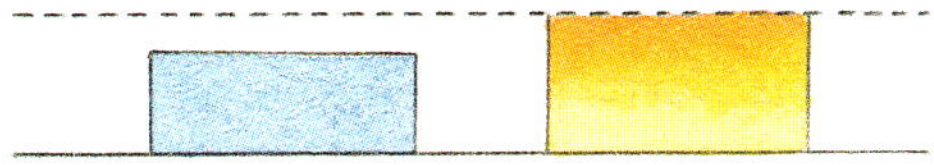

Anschein von Yang (Hitze)
durch Mangel an Yin (Kühle)
(chronische Yang-Symptome)

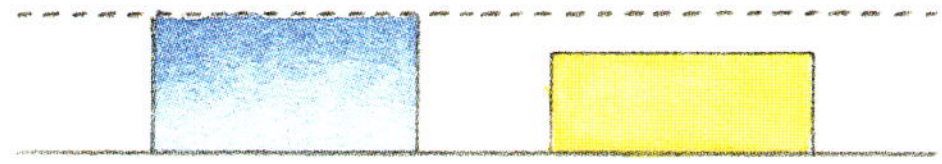

Anschein von Yin (Kälte)
durch Mangel an Yang (Wärme)
(chronische Yin-Symptome)

Wir können das Konzept von Yang und Yin auch heranziehen, um das Ungleichgewicht zwischen Überschuss und Leere im Körper zu veranschaulichen.

Ob sich Symptome zu chronischem Ungleichgewicht (Krankheit) entwickeln, hängt davon ab, wie lange sie schon bestehen und wie lange sie unbeachtet und unbehandelt bleiben. Wir können sie jedoch mehrheitlich auf eine falsche Ernährungs- und Lebensweise zurückführen.

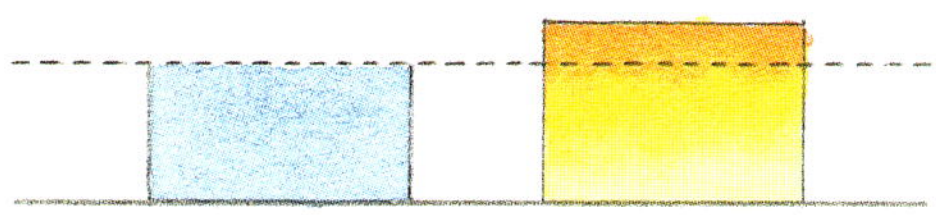

Fülle Hitze
meist äussere Einflüsse (Klima)
(akute Yang-Symptome)

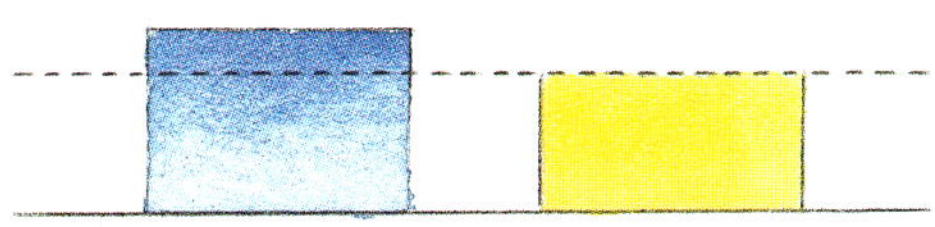

Fülle Kälte
meist äussere Einflüsse (Klima)
(akute Yin-Symptome)

Äussere klimatische Einflüsse beeinträchtigen uns bei aussergewöhnlich heftigen klimatischen Bedingungen und auch, wenn man sich nicht durch entsprechende Kleidung vor den klimatischen Bedingungen schützt. Von klimatischen Einflüssen kann man aber auch immer dann angegriffen werden, wenn die sogenannten inneren Klimate – Kälte, Nässe, Trockenheit, Hitze, innerer Wind – eine Resonanz in den äusseren Klimata finden. Wenn der Mensch durch fehlerhafte Ernährung und falsche Lebensweise sein Inneres schwächt, hat er zu wenig Schutzenergie, Äusseres abzuwehren. Innere Kälte fördert eine Empfindlichkeit gegen äussere Kälte, innere Hitze führt zu einer Empfindlichkeit gegen äussere Hitze usw. Das Aussen (Makrokosmos, klimatische Bedingungen) hilft ihm, sein Inneres (Mikrokosmos, Körperzustände) verstehen zu lernen. Wie innen, so aussen – wie aussen, so innen. Dies bekommt in der chinesischen Darstellung eine Realität, die man allein durch Beobachten der Naturgegebenheiten unmittelbar übersetzen kann.

Ob ein Nahrungmittel Yang-Eigenschaft oder Yin-Eigenschaft besitzt, kommt darauf an, mit was wir es vergleichen. So wird Obst allgemein eher Yin zugeordnet: kühl, weich, saftig, passiv wachsend, schnell verrottend. Die Fruchtsäuren wirken sauer-erfrischend. Obst kann die Sommerhitze ausgleichen durch seine saftig-kühlende Wirkung. All das sind die Wirkkräfte mit Yin-Aspekten.

Und selbst Nahrungsmittel lassen sich nach ihren Yin- und Yang-Eigenschaften einordnen:

Yang

hart
trocken
leicht
warm
heiss
süss
scharf
rot
gelb
aktiv wachsend
zum Himmel
sich entfaltend
Wirkkräfte oben
schnell wachsend
Qi nährend

Yin

weich
feucht/nass
schwer
kühl
kalt
bitter
sauer
blau
grün
passiv wachsend
zur Erde
sich entfaltend
Wirkkräfte unten
langsam wachsend
Blut nährend

Vergleichen wir nun eine Birne mit einem Apfel, so ist eine reife Birne saftiger, weicher, schneller faulend und meist von grüner Farbe. Somit ist die Birne im Vergleich zum Apfel Yin-betonter. Birnen haben also die Eigenschaft, der Hitze besser entgegenzuwirken als Äpfel. Dies mag zu Beginn die Zuteilung der Nahrungsmittel etwas erschweren. Halten wir uns aber die Prinzipien von Yin und Yang vor Augen, werden wir durch Fühlen, Tasten und Schmecken die Zuordnung bald selber vornehmen können.

Eigentlich ist jedes Lebensmittel, seien es Früchte, Getreide, Gemüse, Nüsse oder Kräuter, so einzigartig, dass jedes für sich volle Aufmerksamkeit verdient hätte. Sie in Tabellen einzuordnen ist nur ein grober Versuch, in etwa die Wirkkräfte der Natur festzuhalten.

Für die tägliche Ernährung oder, anders gesagt, jene Ernährung, die uns gesund erhält, genügt die grobe Zuordnung. Ist der Mensch krank und braucht eine Heilkost, bedarf es feinerer Zuordnungen der Lebensmittel.

Die Nahrungsmittel lassen sich nach ihren Yin- und Yang-Wirkkräften von «extrem» und «exotisch» bis «mild» einordnen:

Extreme Yins sind: Süssgetränke, Glace (Eiscreme), alles Eisgekühlte, Tiefkühlkost, Kühlschrankernährung

Exotische Yins sind: Südfrüchte

Heimische Yins sind: Salate und alle Gemüse, die keinen Frost ertragen (weniger die Wurzelgemüse), Beeren, Steinobst und unreifes Obst, Nachtschattengewächse (Tomaten, Gurken, Kartoffeln)

Raffinierte Yins sind: denaturierte Nahrungsmittel wie weisse Teigwaren, Kuchen, Gebäck, Fertigsaucen und Fertiggerichte

Abkühlende Yins sind: Joghurt, Quark, Sojaprodukte, Milchgetränke, Gemüse- und Obstsäfte, auch Mineralwasser, Bier, kühlende Kräutertees

Milde Yins sind: Getreide, Hülsenfrüchte, sonnengereiftes heimisches Obst, Gemüse (nicht künstlich getrieben), Honig, Fruchtdicksäfte, Malz, Vollmilch, Fruchtsäfte von heimischem Obst (Kirschen-, Trauben-, Apfel-, Birnensaft usw.), kaltgepresste Öle, Kaltwasserfische

Milde Yangs sind: Rahm, Butter, Öle, Eier, Warmwasserfische und Süsswasserfische

Wärmende Yangs sind: Fleisch (Wildfleisch eher als Zuchtfleisch), wärmende Gewürze und Kräuter (Rosmarin, Thymian, Dill, Kümmel), Nüsse, Samen, Kerne, Kastanien, wärmende Gemüse (Lauch, Kohl, Wurzelgemüse)

Raffinierte Yangs sind: Getreidekaffee, Rotwein, Glühwein, getrocknetes Fleisch, Hartkäse, sehr salzreiche Wurst, Gepökeltes

Heimische Yangs sind: Knoblauch, Zwiebeln, Lauch, Kohl, Meerrettich, Bärlauch, Kresse, Senfsamen

Exotische Yangs sind: scharfe Gewürze (Pfeffer, Chili, Curry, Ingwer)

Extreme Yangs sind: Alkohol (hochprozentig), Kaffee (sehr stark geröstet), extrem scharfe Gewürze, extrem hoch erhitztes Fett

Yin und Yang, dem Symbol mit der zunächst einfachen Darstellung des weiblichen (Yin) und männlichen Prinzips (Yang), kommt weit mehr Bedeutung zu. Dieses Symbol lässt uns auch die Bewegung und Wandlungsfähigkeit des Qi verstehen. Das Wechselspiel von Yin und Yang begegnet uns aussen im Wechsel des Tages- und Jahreszeiten (Makrokosmos) ebenso wie innen in den vielfältigen Veränderungen von der Geburt bis zum Tod (Mikrokosmos). Yin und Yang beschreiben sowohl die Erscheinungen wie auch die Bewegungen.

DER DREIFACHE ERWÄRMER UND DIE WICHTIGKEIT DER WÄRME

Das 3-Erwärmer-System ist kein eigentliches Organ, sondern das Subtile, Feine im menschlichen Körper, welches in seiner Natur Yang (Wärme) ist, mit dem Moment der Geburt aktiv wird und «nur» als Funktion, nicht als Organ, auf drei Ebenen wirkt. Es wird deshalb auch der obere, der mittlere und der untere Erwärmer genannt.

Als besonderer Bote hat der dreifache Erwärmer die Aufgabe, das Qi im Körper zu bewegen, die Wege zu öffnen, damit das Qi reibungslos durch die drei Ebenen des Körpers fliessen kann. Menschliche Funktionen, seien es die körperlichen, seelischen oder geistigen Aspekte, sind auf Wärme angewiesen. Wärme ist das, was den Menschen mit dem Gefühl des Wohlseins umgibt, ihn entspannt, und ist der Mensch entspannt, so sind auch seine Organe und deren Funktionen entspannt. Anders ausgedrückt, der dreifache Erwärmer sorgt dafür, dass alle Durchgänge offen sind. Dabei unterscheidet man drei Funktionen:

- **untere Funktion** (unterer Erwärmer) für die Abwärtsbewegung und Ausscheidung der Schlacken. Nieren, Blase und auch der Dickdarm sind auf seine Durchwärmung angewiesen. Die unreinen Anteile müssen ausgeschieden und die reinen Anteile (Wasser und körperwichtige Essenzen) bewahrt werden.
- **mittlere Funktion** (mittlerer Erwärmer) betrifft Magen, Milz und Bauchspeicheldrüse sowie den oberen Teil des Dünndarms. Diese Ebene wird oft mit einem Kochtopf verglichen. Hier wird die Nahrung aufgenommen, «gekocht», das heisst fermentiert durch die Verdauungssäfte (Enzyme). Die Nahrungsessenzen werden dann gewandelt in Qi und Blut oder eben in Yin- und Yang-Anteile.
- **obere Funktion** (oberer Erwärmer): Nachdem im mittleren Erwärmer aus der Nahrung die eigentliche Lebenskraft, Qi und Blut, entstanden ist, steigen diese Feinstteile nach oben zur Brust, wo sie sich mit dem Sauerstoff der Atemluft (Lunge) verbinden. Unter dem Wirken von Lunge und Herz wird hier die Lebenskraft gesammelt.

Aus der Nahrung (Reis und Wasser) und dank der Verdauungsenergie des mittleren Erwärmers ist die Essenz des Lebens, Qi und Blut, entstanden. Damit ist auch die Grundlage zur Ernährung der Speicher- (Yin) und Hohlorgane (Yang) geschaffen. Die reine Energie heisst Nährenergie, sie hilft, Körperstrukturen zu erneuern. Die aktive Energie, die den Körper vor äusseren Einflüssen (Klima) schützt, ist die Schutzenergie. Nährenergie und Schutzenergie gehören zusammen wie Yin und Yang. Die Yin-Energie fliesst im Inneren als nährende Energie, die Yang-Energie fliesst unter der Hautoberfläche als Schutzenergie. Das Zusammenspiel der nährenden und schützenden Energien ist das Spiel von Gesundheit oder Krankheit in den fünf inneren Elementen (Organen).

Im unteren Erwärmer wurzelt die angeborene, vererbte Energie, im mittleren Erwärmer die aus der Nahrung entstandene Nährenergie und im oberen Erwärmer zusammen mit der Atemluft die Schutzenergie – dies die chinesische Vision der Gesundheit. Damit wir gesund bleiben, müssen wir diese drei Kammern hüten wie wertvolle Schätze. Es sind die drei, die man in der TCM Nähressenz (Jing), Energie (Qi) und Geist (Shen) nennt und die letztlich die drei grundlegenden Aspekte der menschlichen Existenz ausmachen: die physische, die emotionale und die geistige Ebene.

Die Summe der angeborenen Eigenschaften, die Konstitution, ist der dynamische Aspekt im unteren Erwärmer, das Leben und damit alle Lebensfunktionen zu meistern. Die Konstitution lässt sich schwer verändern. Durch die richtige Lebensweise jedoch, das Streben nach Gleichgewicht zwischen Anspannung und Entspannung, durch das, was wir tun und wie wir denken, kann die konstitutionelle Anlage wenn auch nicht quantitativ vermehrt, so doch positiv beeinflusst werden. Auch der Sexualität wird eine hemmende und eine fördernde Kraft zugeordnet. Eine sinnerfüllte Liebe nährt, eine rein zweckgerichtete Liebe leert.

Im mittleren Bereich ist die richtige Ernährung die Quelle von Qi und Blut. Was wir essen und wie wir essen, entscheidet über die Essenz, die dann wiederum die Organe und deren Funktionen nährt. Magen und Milz, die wichtigsten Organe für die Transformation der Nahrung und für die Produktion von Qi und Blut, sind hier der Ort, der nicht durch übermässige Sorgen belastet werden sollte.

Und im oberen Bereich wohnt das sogenannte Sammel-Qi, das durch die Atmung (Luft) als letztes Stadium verfeinert wird in das «wahre Qi». Hier sind die wichtigsten Orte die Lungen und die richtige Atmung von gesunder Luft sowie das Herz als Quelle der Freude und Hort des Bewusstseins (Geist).

Der dreifache Erwärmer ist der Beginn und das Ende der verschiedenen Qis. Durch ihn wird transportiert, transformiert und auch ausgeschieden. Die Funktion des dreifachen Erwärmers ist von den eigentlichen Funktionen der Organe auf den drei Körperebenen nicht zu trennen. In seiner Yang-Funktion harmonisiert er durch Wärme.

Fehlfunktionen und/oder eine Schwächung des 3-Erwärmer-Systems äussern sich somit in ähnlicher Weise – mangelhafte Ausscheidung (unten), mangelhafte Transformation der Nahrung (Mitte), mangelhafte Atmung (oben) und letzlich auch mangelhafte Lebensfreude.

Die menschlichen Funktionen, seien es die körperlichen, seelischen oder geistigen, sind angewiesen auf Wärme. Wärme versorgt den Menschen mit dem Gefühl des Wohlseins. Wärme entspannt und öffnet die Wege für die Lebenskraft, für das Qi. Der dreifache Erwärmer ist kein eigentliches Organ, sondern das Subtile, Feine, das in seiner Natur Yang ist und als Wärme in den drei Bereichen der unteren, mittleren und oberen «Kammer» wirkt.

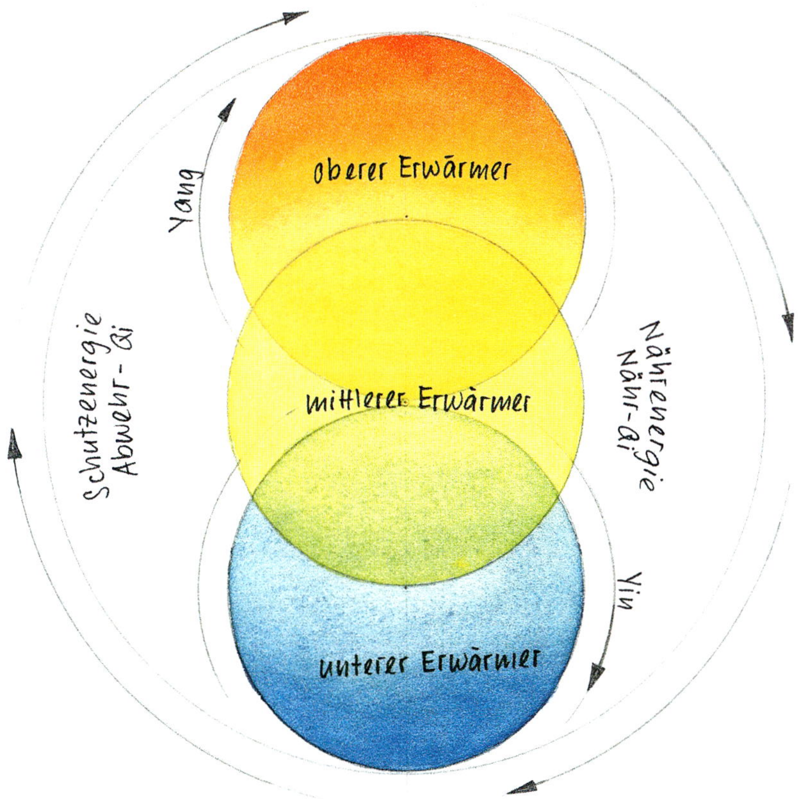

ROHKOST UND GEKOCHTE KOST

Wärme und Kälte nennt man in der TCM Yang- und Yin-Kräfte. Sie wirken nach demselben Prinzip auf alles Lebendige: Kaltes lässt erstarren – denken Sie nur an eine Winterlandschaft –, und Warmes lässt aufblühen – stellen Sie sich das Bild einer Sommerlandschaft vor.

Welches sind nun die Yang- und Yin-Aspekte im menschlichen Körper?

Die Yang-Aspekte sind: Körpertemperatur, Körperenergie, Verdauungskraft, Abwehrkraft, Gedankenkraft; alles, was der Erhaltung der Energie und Wärme dient; alles, was mit den aktiven Prozessen der Umwandlung zusammenhängt, z. B.: Nahrungsstoffe umwandeln in Nährstoffe.

Die Yin-Aspekte sind: Körpersäfte; alle flüssigen und nährenden Anteile, deren Aufgabe ist, die Gewebe zu befeuchten, die Knochen zu stärken, das Blut zu bilden, der Erhaltung der Strukturen zu dienen; alles, was mit den passiven Prozessen der Umwandlung zusammenhängt, z. B.: Nährstoffe speichern und Körpersubstanzen bewahren.

Kurz gesagt handelt es sich bei diesem physiologischen Yin-Yang-Zusammenspiel um den Stoffwechsel. Alles, was wir uns in den Mund stecken und schlucken, muss umgewandelt werden – von aussen nach innen. In unseren verdauenden Organen geschieht die erste Wandlung: Das Nahrungsmittel wird abgebaut und in Nährstoffe zerlegt. Es wird transformiert und über den Blutstrom zu den Zellen transportiert. Das einstige Getreidekorn wird so zum Zucker und liefert durch die Verbrennungsprozesse Wärme, Energie für die Muskeln und Kraft zum Denken (das Gehirn ernährt sich mehrheitlich von Zucker). Als Glykose (Zucker) wird es zum inneren Stärkungsmittel überall dort, wo der Mensch eine Stärkung braucht (Wärmekraft, Muskelkraft, Gedankenkraft). Damit das Getreidekorn zum «Stärke-Korn» wird, braucht es die Kraft der Organe, die es zu Glykose umwandeln.

Das Yin-Prinzip – die Nährstoffe – hat sich gewandelt in die Yang-Eigenschaft Energie und Wärme. Das Abfallprodukt aus diesem Verbrennungsprozess ist Wasser und Kohlensäure, wiederum Yin = Wasser, und Yang = flüchtige Säure. Diese Prozesse laufen Tag für Tag in unseren Zellen ab – und der Körper besitzt Billionen von solchen Wunderwerken, die alle nach dem Yin-Yang-Prinzip funktionieren. Deshalb füttert der Mensch letztlich nicht nur seinen Mund, sondern nährt vor allem seine Zellfunktionen.

Vom Mund in den Magen und zum Dünndarm muss die Ernährung transformiert werden – chinesisch gesprochen in Yin und Yang. Die Yang-Anteile, das Feine, Klare, Leichte, steigt mit dem Blutstrom nach oben zur Lunge und zum Herzen, und die Yin-Anteile, das Grobe, Feste, Trübe, sinkt nach unten zu Dickdarm und Blase, ganz nach dem Wirken von Yin und Yang. Dieses Aufteilen geschieht in der Mitte des Körpers (mittlerer Erwärmer). Der Magen ist der erste Ort, an den die Nahrung gelangt. Er ist dafür verantwortlich, die Nahrung so weit vorzubereiten, dass sie anschliessend von der Milz (Pankreas) verfeinert werden kann in Qi und Blut. Dazu braucht der Magen Flüssigkeit (Magensaft) und genügend Qi (Energie). «Es liegt mir auf dem Magen», ist ein Ausdruck dafür, dass durch Sorgen und Kummer die Kraft zu verdauen fehlt. Der Dünndarm hat eine wichtige Aufgabe. Er trennt die vom Magen kommende verflüssigte Nahrung in ihre reinen und unreinen Anteile. Er entscheidet somit, wie und was getrennt werden soll. Eine Schwäche des Dünndarms zeigt sich oft auch in einer psychischen Schwäche, sich von Sachen oder Gedanken zu trennen.

Es sind energieaufwendige Prozesse, die in unserem Körper geschehen, und damit die Organe ihre Aufgabe gut erfüllen können, brauchen sie erstens Ruhe und Entspannung und zweitens die richtige Ernährung. Eine falsche Ernährung ist, chinesisch gesprochen, eine mangelhafte, Qi-arme Ernährung oder eine im Sinne des Yin und Yang unausgewogene Ernährung. Zu viel essen schwächt ebenso, da es die Verdauungsorgane überfordert.

Kontrovers sind die Ansichten über Rohkost und gekochte Kost. In der TCM ist man der Überzeugung, dass durch den Genuss von zu viel thermisch kalter Nahrung, dies betrifft vor allem eisgekühlte Drinks, Eiscremes, die sogenannte Kühlschrankernährung, aber auch Südfrüchte und zu viel Rohkost, allem voran die kühlenden Blattsalate, die Organe des mittleren Erwärmers zu sehr abgekühlt werden. Das Yang der Mitte wird geschwächt und wie immer, wenn das Yang sich senkt, steigt das Yin. Das Feuer der Verdauung fehlt, um das «Wässrige» zu verdampfen. Es kommt zu einem Übermass an Nässe. Aus Sicht der chinesischen Medizin braucht die Milz ein trockenes und warmes Klima. Nur unter diesen inneren «klimatischen Bedingungen» kann sie die feinen, klaren Anteile der Nahrung in Qi und Blut wandeln.

Neben den thermisch kalten Lebensmitteln gilt es, auch für die energetisch abkühlenden Nahrungsmittel das richtige Mass zu finden. So haben Lebensmittel mit vorherrschend saurem, bitterem und salzigem Geschmack eine Wirkkraft, die nach unten sinkt. Damit fördern sie die Kälteentwicklung. Ein Zuviel an kalter Ernährung und abkühlenden Nahrungsmitteln/Getränken (Obst, Salate, Mineralwasser usw.) schwächt das Qi und Yang des mittleren Erwärmers. Wird das Yang verbraucht, steigt das Yin (Nässe und Kälte). Kommt zu diesen Aspekten noch eine zu fette und zu süsse Ernährung hinzu (süss und fett wirkt stark befeuchtend), führt die übermässige Feuchtigkeit, Nässe und Kälte, produziert im mittleren Erwärmer, dazu, dass man in der Nässe «ertrinkt» und im Schleim «erstickt».

Unsere westliche Ernährung ist einerseits zu süss und zu fett (stark befeuchtend) und enthält andererseits auch oft zu viel Kaltes/Rohes und Unreifes (stark abkühlend und schwer verdaulich) wie auch zu viel sauer-kalte Milchprodukte (absenkend). Diese Summierung hat zur Folge, dass die Energie nach unten sinkt. So fühlt man sich denn auch: «down». Das Denken wird schwer und die Bewegungen träge. Alle Yin-Aspekte nehmen zu, und es bleibt für nichts und niemand mehr Wärme (Begeisterung) übrig. Nach der chinesischen Ernährungslehre ist alles, was sehr Yin-betont ist, eiskalt, nass, dunkel, schwarz, starr und führt über lange Zeit zur Erstarrung des Qi und zur Auflösung des Yang-Aspekts (Wärme). Ein durch Kälte und Nässe erloschenes Feuer erzeugt keine Wärme mehr, und Kälte bedeutet wie in der Natur auch beim Menschen Erstarren. Man wird bleich und friert selbst im Sommer. Jeder Kälteeinbruch kann eine Erkältung bedeuten, es fehlt die Kraft und innere Wärme, sich gegen die äussere Kälte zu wehren.

Wer eine ausgesprochene Yang-Natur hat (viel Wärme) verträgt mehr Rohkost, und wer eine ausgesprochene Yin-Natur hat (viel Kälte), verträgt wenig Rohkost. Der Mann ist von Natur aus stärker Yang-betont, die Frau stärker Yin-betont. Wenn eine Frau (Yin), die leicht friert (Yin-Symptom), viel Salate (Yin-Nahrungsmittel) mit kühlenden Saucen mit Joghurt, Zitronensaft, Salz (Yin-Zutaten) isst, dazu einige Gläser Mineralwasser oder eisgekühlten Eistee schlürft (Yin-Getränke) und zum Abschluss sich noch genüsslich eine Eiscreme (Yin-Genussmittel) durch die Lippen zieht, bleibt wirklich nicht mehr viel «Feuriges» übrig.

Die Philosophie der Rohkost brachte uns weg von der Suppe hin zum rohen Birchermüesli. Wenn wir die Pflanze in ihrem Naturzustand (Rohkost) essen, so die Überzeugung, nehmen wir die in den Pflanzen gespeicherten Sonnenkräfte auf. Aus dieser Überlegung wurde die Ernährungsrichtung der Rohkost und des Vegetarismus geboren. Die Vertreter dieser Idee hatten auch gute Erfolge bei sehr «überhitzten» Fleischessern, die neben der inneren Hitze auch unter starker Übersäuerung leiden – denn Fleisch wird sauer verstoffwechselt (Harnsäure). Dass hier eine Rohkost als Schonkost zu empfehlen ist, macht auch nach Ansicht der TCM grossen Sinn. Dabei kommen vor allem die bitterkühlenden und die Hitze senkenden Gemüse und Obst mit seinem süss-säuerlichen Geschmack und seiner erfrischend-kühlenden Wirkung zum Zug. Die Betonung der TCM-Diätetik liegt aber auch hier auf der Frage der Menge und Dauer einer solchen Ernährung.

Die Nahrungsstoffe müssen umgewandelt werden in eine höhere Wärmestufe, das Blut (Yang). Und in einer weiteren Metamorphose wandelt das Blut sich in das menschliche Sein, die menschliche Wärme (Yang). Diese Wärme wohnt im Herzen. Bezeichnenderweise spricht man denn auch von kaltherzig oder warmherzig. Das Blut nennt man auch die Essenz des menschlichen Ichs.

Damit die Sonnenkräfte in der pflanzlichen Nahrung zu gestaltenden Kräften im menschlichen Organismus werden können, müssen sie zuerst durch die Verdauungsprozesse gewandelt werden. Und dieser Prozess ist ein Wärmeprozess: Die äusseren Wärmekräfte (Sonne) werden zu den inneren Kräften (Wärme) gewandelt, und dies braucht das Feuer der Verdauung.

Nach der chinesischen Ernährungslehre darf daher im Sommer oder wenn es sehr warm ist, der Anteil der Rohkost höher sein als im Winter oder wenn es kalt ist. Rohes Obst und rohes Gemüse sind der Ausgleich zur Hitze und

Trockenheit des Sommers. Im Winter, wenn es kalt ist, wird Obst als Dörrobst oder Kompotte gegessen. Dasselbe gilt für Gemüse und Salat: Wintersalate bekommen eine wärmende und mässig scharfe Sauce, Sommersalate und Sommergemüse, die von Natur aus keinen Frost ertragen, essen wir nur in warmen Zeiten als Rohkost.

Das Anrösten von Getreide, wie es von vielen Naturvölkern noch gemacht wird, erleichtert das Aufschliessen der Eiweisse und hat auch auf den Geschmack und auf die Verträglichkeit einen grossen Einfluss. Dazu wird das Getreide in einer Pfanne ohne Fett angeröstet und dabei mit einem Holzlöffel immer wieder gerührt, damit die Körner nicht verbrennen. Danach wird es gekocht mit erfrischenden Zutaten im Sommer, mit wärmenden Zutaten im Winter. Getreideflocken werden über Dampf (bei 85 Grad) erhitzt, wodurch sie streng genommen keine Rohkost mehr sind. Die in den rohen Getreidekörnern enthaltene Phytinsäure verhindert die Kalziumaufnahme im Körper; deshalb kann es bei zu häufigem Genuss von Frischschrotmüesli zu Kalziummangelerscheinungen kommen. Durch Kochen und Keimen des Getreides wird die Phytinsäure fast vollständig eliminiert.

In der TCM-Ernährung kommt den Suppen – wie vor dem Hintergrund des oben Gesagten verständlich wird – eine grosse Bedeutung zu. Die Suppe ist für den Magen die Vorbereitung auf alles Nachfolgende: Sie liefert das Salz für die Salzsäure im Magen und die nötige Wärme, um die Verdauungsorgane zu entspannen und zu aktivieren.

Das Argument unserer westlichen Ernährungslehren für die Rohkost ist die Versorgung mit gesundheitserhaltenden Vitaminen. Die chinesische Ernährungslehre, die nicht die Vitamine in den Vordergrund stellt, sondern den Gedanken von Yin und Yang, geht davon aus, dass der Mensch, um gesund zu sein und zu bleiben, ausreichend Energie in seinen verdauenden Organen braucht, die das physiologische Yin und Yang produzieren. Die Wahl der Nahrungsmittel fördert oder hemmt die Energie. Ist genügend Energie (Qi) da, so wird Yin und Yang richtig umgewandelt. Nahrungsmittel, die thermisch sehr kalt und energetisch sehr absenkend (Yin) sind, blockieren das Qi; Nahrungsmittel, die thermisch sehr heiss und energetisch zu schwebend (Yang) sind, bewirken, dass das Qi und damit auch wichtige Essenzen, zum Beispiel Wasser (durch Schwitzen), verloren gehen.

Die chinesische Art, «vitaminreich» (lebendig) zu kochen, besteht darin, enzymreiche Nahrungsmittel wie Sojasauce und Miso am Schluss dem Gericht beizufügen. Diese Würzmittel, von buddhistischen Mönchen eher zufällig entdeckt, sind ein kostbarer, würziger Saft aus Sojabohnen und Weizen. Die Sojabohnen werden erst gedämpft, die Weizenkörner geröstet und dann gemahlen und beides mit Wasser und Salz vermengt; durch einen Gärungs- und einen langen Reifeprozess, gebraut wie ein gutes Bier nach bestgehütetem Geheimnis, entsteht daraus ein enzymreiches Nahrungsmittel, das vor allem als Würze verwendet wird.

Selbst gezogene Sprossen von Soja und anderen Samen sind ebenfalls enzymreiche, lebendige Nahrungsmittel, die Suppen oder anderen Gerichten beigefügt werden. Bei uns im Westen gelten die Suppen als Appetitanreger. In der TCM werden sie durch Zufügen von fermentierten Zutaten zu Verdauungshilfen, um den inneren «Kochvorgang» anzuregen. Verdauungsprozesse sind Fermentationsprozesse. Fermente oder Enzyme finden wir reichlich in natürlich vergorenen Nahrungsmitteln, in gekeimten Sprossen und Samen. Vitamine sind notwendig, um die Enzyme zu aktivieren. So ist das Geheimnis einer für die Verdauungsprozesse richtigen Ernährung, vitaminschonend zu kochen (kurz andämpfen) und die durch das Kochen zerstörten «Sonnenkräfte» in Form von Keimlingen und fermentierten Zutaten am Schluss dem Gericht wieder beizufügen.

Rohkost enthält gesundheitserhaltende Vitamine. Damit der Mensch gesund bleibt, braucht er die Energie, sie zu verdauen. Diese Verdauungsprozesse sind Wärmeprozesse. Durch den Genuss von zu viel Rohkost wird das «Feuer» der Verdauung abgekühlt, und erloschenes Feuer erzeugt keine Wärme mehr. Schonendes Kochen der Nahrung bedeutet Aufbrechen der Pfanzenfasern, um die wertvollen Inhaltsstoffe (Nährstoffe) herauszulösen. Westliches Kochen ist vitaminreiches Kochen (Rohkost), chinesisches Kochen ist, den inneren «Kochvorgang» durch Eigenwärme (Trennen durch Fermentieren) anzuregen.

DIE 5 TEMPERATUREN UND DIE AUSSTRAHLUNG DER NAHRUNGSMITTEL IM KÖRPER (THERMIK)

Die Nahrungsmittel lassen sich nach ihrer Temperaturausstrahlung im Körper einteilen. Nahrungsmittel, die in ihrer Natur sehr heiss sind, wie Pfeffer, Chilischote oder Knoblauch, haben die Eigenschaft zu erhitzen. Nahrungsmittel, die in ihrer Natur sehr kalt sind, wie Kaltwasseralgen, Löwenzahn, Gurken oder Melonen, haben die Eigenschaft zu kühlen (siehe Tabellen Seite 130, 132, 137). Diese Einteilung entspricht dem Yin-Yang-Konzept: Heiss und warm sind die zwei Yang-Aspekte, kühl und kalt sind die zwei Yin-Aspekte, die fünfte Temperatur bezeichnet einen neutralen Wert. Da wir jede Temperatur nur im Vergleich zu unserer eigenen Körpertemperatur wahrnehmen – im Vergleich zu 37 Grad –, ist die neutrale Temperatur für unseren Körper noch immer mässig warm.

Die Zuordnung zu Yin oder Yang ist gleichzeitig die Wirkrichtung und die Eigenschaft der Nahrungsmittel, im Körper etwas zu verändern.

Nehmen wir uns dazu wieder ein Bild vor Augen:

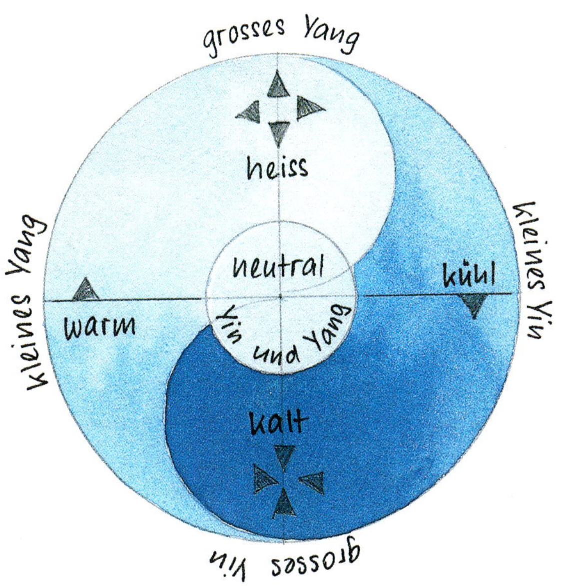

Heisses hat Yang-Eigenschaft, öffnet die Oberfläche (Poren) und treibt das Qi nach aussen.

Warmes hat ebenfalls Yang-Eigenschaft, entspannt und bewegt das Qi nach oben.

Neutrales hat Yin- und Yang-Eigenschaften, es bewegt zur Mitte und kann beides, kühlen und wärmen, ohne das Qi zu schwächen.

Kühles hat Yin-Eigenschaft und bewegt das Qi nach unten.

Kaltes hat starke Yin-Eigenschaft und bewegt das Qi nach innen.

Die Temperatur von Nahrungsmitteln und Kräutern ist in der chinesischen Lehre die Grundlage dafür, dass Nahrungsmittel nicht nur als Nährmittel, sondern auch als Heilmittel einzusetzen sind. Heilend nach dem Prinzip, zu kühlen, wo Hitze ist, oder zu wärmen, wo Kälte ist. Die Kenntnis der thermischen Wirkrichtung von Nahrungsmitteln eröffnet uns auch die Möglichkeit, kühlende bis kältende Nahrungsmittel durch wärmende Zutaten in ein harmonisches Gleichgewicht zu bringen. Nahrungsmittel, die in ihrer Natur kühl oder kalt sind, brauchen einen Ausgleich, damit sie im Körper keine Kälte verbreiten. Wärmende bis heisse Nahrungsmittel werden ergänzt durch kühlende Zutaten, damit sie im Körper keine Hitze erzeugen – dies ist die Kunst der Zubereitung, um die Speisen in ein harmonisches Gleichgewicht zu bringen.

Kühlende bis kalte Nahrungsmittel sind wasserreich (saftig) oder in kalter Umgebung aufgewachsen, oder sie besitzen Inhaltsstoffe, die abkühlend wirken (organische Säuren, Bitterstoffe, Mineralsalze). Südfrüchte sind meist von sauer-süssem Geschmack und von kältender Thermik, was in den Tropen die nötige Abkühlung bringt. Wir verweilen jedoch bei den Nahrungsmitteln und Kräutern, die für uns den Ausgleich schaffen, in unserer Umgebung und den gemässigten Zonen.

Heisse und warme Nahrungsmittel und Kräuter sind wasserarm (trocken), gewachsen in warmer Umgebung, und besitzen Inhaltsstoffe von scharf-süssem Geschmack, die wärmend wirken.

Kalte und kühle Nahrungsmittel

- haben die Tendenz, das Yang abzusenken
- sind sehr wasserreich (wässrig/kühlend)
- sehr bitterstoffreich (bitter/kühlend)
- sehr mineralsalzreich (salzig/kühlend)
- sehr reich an organischen Säuren (sauer/kühlend)

Heisse und warme Nahrungsmittel

- haben die Tendenz, das Yin abzusenken
- sind sehr reich an ätherischen Ölen (aromatisch/wärmend)
- sehr reich an schwefelhaltigen Stoffen (scharf/wärmend)
- sehr reich an pflanzlichen Zuckerstoffen (süss/wärmend)
- sehr reich an scharfen Inhaltsstoffen (reizend/wärmend)

Einfacher ist es vielleicht, sich wieder nach dem Yin-Yang-Prinzip zu orientieren:

- **Heisses** brennt auf der Haut, im Mund und überall.
- **Warmes** entspannt und wärmt auf der Haut, im Mund und überall.
- **Kühles** beruhigt und kühlt auf der Haut, im Mund und überall.
- **Kaltes** kältet auf der Haut, im Mund und überall.
- **Neutrales** gibt ein Gefühl von Wohlsein auf der Haut, im Mund und überall.

Die Zubereitung, das Kochen, besteht darin, ein Gericht zu «yinisieren» oder zu «yangisieren». Chinesen kennen zwei Arten zu kochen: Das Kochen mit Feuer ist das Yangisieren, und das Kochen mit Wasser ist das Yinisieren. Damit schafft man einerseits den Ausgleich zu den jahreszeitlichen Faktoren, andererseits die oben erwähnte Möglichkeit, kühlenden Nahrungsmitteln durch yangisierende Kochmethoden eine weniger abkühlende Wirkung zu geben. Ein Beispiel: Blattsalate werden zu den kühlenden Nahrungsmitteln gezählt, die vor allem im Sommer willkommene Abkühlung bringen. Bei uns in Europa können selbst im Sommer Kälteeinbrüche die sommerliche Hitze stark abkühlen. Anstatt die Salate roh zu essen, können wir dann ein asiatisches Nudelgericht im Wok zubereiten (siehe Rezept Seite 87) und den Salat mitkochen, was ebenfalls wunderbar schmeckt. Ebenso mit Tomaten: anstatt sie roh als Salat zu essen, daraus einen Sugo kochen. Yinisieren und Yangisieren bezeichnet damit eine jahreszeitgemässe Kochweise, aber auch eine Kochweise, welche die Thermik der Nahrungsmittel ausgleicht.

Steigen wir ein in diese Kochkunst:

Yinisieren = kühlen und «bewässern»

- wird angewendet bei Yang (Hitze, Trockenheitsprobleme)
- ist die Kochmethode, die auch in der warmen und heissen Zeit (Frühling, Sommer) angewandt wird
- Kochen mit viel Wasser: Wasserbad, Dämpfen, Blanchieren, im Saft schmoren, kurz gekochte Gerichte; Kochen mit Milch, Salzwasser oder Essigwasser, um bestimmte Heilrezepturen herzustellen; kurz gekochte Suppen

Yangisieren = wärmen und «befeuern»

- wird angewendet bei Yin (Kälte, Feuchtigkeitsprobleme)
- ist die Kochmethode, die auch in der kühlen und feuchtkalten Jahreszeit angewendet wird (Herbst, Winter)
- Kochen ohne Wasser – mit Feuer: Rösten, Grillieren, Braten, Flambieren, Fritieren, Backen, die schnelle und sehr heisse Kochmethode der Asiaten im Wok, Kochen mit Alkohol. Kraftbrühen, die sehr viele wärmende Zutaten enthalten und stundenlang geköchelt werden, sind sowohl yinisierend (Flüssigkeit) wie auch yangisierend durch ihre gespeicherte Wärme.

Das Zufügen von wärmenden oder kältenden Zutaten verändert das Gericht in seiner Thermik. So gilt die Regel: Werden einem Gericht mit zwei sehr heissen Zutaten (z.B. Fleisch und Pfeffer) vier kühlende oder kalte Zutaten zugefügt (Algen, Champignons, Salz, Tomaten), wird das Gericht in seiner Thermik dadurch kühlender.

Das Zufügen von Zutaten und die Kochweise machen das Gericht entweder zum Rezept – oder zur Rezeptur, was uns dann schon bald an die «Hexenküche» erinnert. Heilkost zubereiten ist die «Hexerei», die chinesisch gesprochen eine Speise:

- «schwebend» machen kann, um mit ihrer Wirkkraft nach aussen zu bewegen
- «sinkend» machen kann, um mit ihrer Wirkkraft nach innen zu bewegen
- «aufsteigend» machen kann, um mit ihrer Wirkkraft nach oben zu bewegen
- «absteigend» machen kann, um mit ihrer Wirkkraft nach unten zu bewegen

Diese hohe Kochkunst ist immer hinter dem Qi her, um es wieder auf den richtigen Weg zu führen – das Tao, der Weg.

Die Zuordnung der Nahrungsmittel und Kräuter nach ihrer Temperaturausstrahlung im Körper ist ein wesentliches Element der TCM. Die Kunst des Yangisierens besteht darin, kühlende Nahrungsmittel mit wärmenden Zutaten zu ergänzen, damit das Gericht keine unerwünschte Kälte im Körper ausstrahlt. Ebenso werden erhitzende Nahrungsmittel mit kühlenden Zutaten und einer yinisierenden Kochmethode kombiniert, um nicht zu unerwünschter Hitze im Körper zu führen. Die Zubereitung der Gerichte wird bestimmt durch das Zufügen von Zutaten und die Kochweise. Im Sommer oder bei innerer Hitze und Trockenheit wählen wir Kühlendes und kochen yinisierend. Im Winter und bei innerer Kälte und Feuchtigkeit wählen wir Wärmendes und kochen yangisierend.

DIE 5 GESCHMACKSRICHTUNGEN UND IHRE WIRKUNGEN

Die Ordnung der Nahrungsmittel nach ihrem Geschmack – sauer, bitter, süss, scharf und salzig – ist das älteste Einteilungsprinzip in der chinesischen Diätetik. Geschmack meint den Wohlgeruch, den wir sowohl mit unserer Zunge wie auch mit der Nase sinnlich wahrnehmen: mit der Zunge die Geschmacksstoffe, mit der Nase die Aromastoffe, und beides zusammen ergibt den Geschmack. Wobei das Schmecken auf der Zunge die Verbindung zu den Verdauungsorganen schafft.

Nahrungsmittel sind prallvoll mit Informationen, und diese In-form-ationen an Geschmack, Farbe, Temperatur und Signatur des Nahrungsmittels (Signatur = Wirkungsweise) sind das «In-die-Form-Kommen» und Formbildende im Körper dank der Trans-form-ation durch die Organe des mittleren Erwärmers.

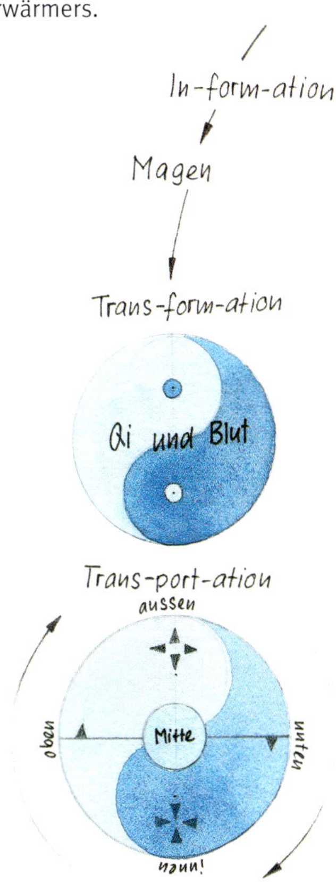

Aus dieser Mitte werden die fünf Geschmäcker an die entsprechenden Organe verteilt, in denen sie in einer Art Feinstform gespeichert werden:

MAGEN	
das Süsse	zur Milz
das Saure	zur Leber
das Salzige	zur Niere
das Bittere	zum Herz
das Scharfe	zur Lunge

Die Wirkung der Geschmacks auf das entsprechende Organ ist kurzfristig und in kleinen Dosierungen ein Tonikum, um die Funktionen der Organe zu unterstützen:

Süss	tonisiert die Milz
Sauer	tonisiert die Leber
Salzig	tonisiert die Nieren
Bitter	tonisiert das Herz
Scharf	tonsiert die Lungen

Ein übermässiges Verlangen nach einer bestimmten Geschmacksrichtung kann ein Hinweis auf eine energetische Problematik im entsprechenden Organfunktionskreislauf sein. Denken Sie an die saure Gurke nach durchzechter Nacht. «Sauer macht lustig», sagt der Volksmund. Die 5-Elemente-Lehre sagt: «Sauer tonisiert die Leber.» Ein übermässiges Verlangen nach Süssem, eine wohl bekannte Begierde, deutet auf einen Mangel hin, den wir alle immer wieder einmal erleiden: die Sehnsucht nach einem sorgenlosen, entspannten Leben. Das Stück Schokolade nach einem Ärger oder Frust besänftigt (vorübergehend). Ebenso kann es sein, dass wir eine bestimmte Geschmacksrichtung völlig meiden. Die weit verbreitete Abneigung gegen Bitteres ist selbst von den Gemüseproduzenten erkannt worden. Viele natürliche Bitterstoffe, die Gemüse und Salate einst enthielten, sind verschwunden. Schade, denn diese bitteren Stoffe haben zugleich auch die Eigenschaft, die sich durch den übermässigen Genuss von Süssspeisen bildende Feuchtigkeit (Schleim) zu trocknen und auszuleiten.

Die fünf Möglichkeiten der Geschmacksenergie, das Qi zu bewegen, sind die Wirkkraft in den Mitteln zum Leben. Damit wird das Nahrungsmittel nicht nur zum Lebensmittel, sondern auch zum Heilmittel.

Süss entspannt und bewegt nach oben, wirkt einer Krankheitsdynamik entgegen, die nach unten gerichtet ist. Alle süss-gelb-orangfarbenen und thermisch warmen Nahrungsmittel und Kräuter haben die Fähigkeit, das Qi, welches nach unten gesunken ist (Energielosigkeit, Müdigkeit), wieder anzuheben.

Sauer wirkt adstringierend, sammelt, zieht zusammen und bewahrt, wirkt einer Krankheitsdynamik entgegen, in welcher lebenswichtige Essenzen (Blut und andere) den Körper zu verlassen drohen. Alle sauer-grünen und thermisch kühlen Nahrungsmittel und Kräuter haben die Fähigkeit, das Qi zu sammeln und zu bewahren.

Bitter trocknet und bewegt nach unten (absenkend), wirkt einer Krankheitsdynamik entgegen, welche nach oben gerichtet ist. Alle bitteren Nahrungsmittel und Kräuter von thermisch kühler/kalter Eigenschaft, haben die Fähigkeit, das Qi wieder nach unten zu bewegen; sie helfen auch bei Schleimproblemen (bitter, warm), das «Terrain» zu trocknen.

Scharf zerstreut und verteilt nach aussen, wirkt einer Krankheitsdynamik entgegen, welche in die Tiefe zu dringen droht (Kälte) oder in der Tiefe stagniert. Alle scharfen Nahrungsmittel und Kräuter haben die Fähigkeit, das Qi wieder zu befreien. Die roten scharfen Nahrungsmittel und Kräuter helfen vor allem an der Oberfläche (Haut) zu befreien. Die weisslichen scharfen wirken vor allem in der Tiefe (auflösend).

Salzig ist der einzige Geschmack, der nicht pflanzlicher Natur ist, ausser wir sprechen von basischen pflanzlichen Mineralsalzen. Diese mild, beinahe fade schmeckenden Nahrungsmittel und Kräuter haben keine dominante Geschmacksrichtung, sind jedoch trotzdem wohlriechend und schmecken einfach nach Natur. Sie gehören im Kreislauf der Zuordnung der Geschmacksrichtungen zur Mitte (Erde) und wirken harmonisierend durch ihren neutralen Geschmack.

Das andere Salz ist das Steinsalz oder Meersalz, welches durch Wasserentzug zu den kristallinen Salzen geworden ist. Dieses Salz, das Natriumchlorid oder Kochsalz, welches die Suppe würzt, schmeckt eindeutig salzig. Die TCM spricht dem salzigen Geschmack eine kühlende und aufweichende Eigenschaft zu mit einer nach unten gerichteten Wirkkraft (abführend). Salz hat jedoch eine Doppelfunktion: Konzentriertes Salz brennt und zu viel Salz macht durstig. Wenig Salz, in Wasser gelöste Mineralsalze, kühlt und löscht den Durst. Beim Salz stellt sich somit die Frage des Zuviel oder Zuwenig und von welchem Salz die Rede ist.

Mineralsalzreiche Wasser haben eine abkühlende Wirkkraft, und Nahrungsmittel, die aus mineralsalzreichem Wasser stammen, Fische, Meeresfrüchte, Meeresgemüse (Algen) ebenso.

Die sehr kochsalzreichen Nahrungsmittel – Gepökeltes, Käse, Wurst und Salzgebäck – bewirken das Gegenteil: Sie erhitzen und verhärten das Gewebe, weil zu viel Salz ausbrennt und die Körperflüssigkeiten austrocknen. Nach demselben Prinzip wird Trockenfleisch hergestellt – Fleisch wird getrocknet und in ein Salzbad gelegt; das Resultat ist hart und trocken.

Salz ist lebenswichtig, doch es kann sowohl heilend wie krankmachend sein.

Deshalb: Salz ist wichtig für den Magensaft (Salzsäure).

Mineralsalz ist wichtig für den Säure-Basen- und den Wasserhaushalt.

Aber: Die Dosierung ist wichtig. Unsere Zellen schwimmen im Wasser und funktionieren dank Wasser. Dieses Wasser ist im Salzgehalt dem der Ozeane sehr ähnlich. Es ist reich an verschiedenen Mineralsalzen, aber «arm» an der Menge von Salz: Die menschlichen Zellen erfreuen sich nur gerade an 3% im Wasser gelösten Salzen.

Rudolf Steiner sagt, Salzbildungsprozesse sind Erdverdichtungsprozesse. Dies wäre ganz im Sinne der TCM. Salz ist nebst Würze auch Heilung, wirkt auflösend auf Verhärtungen (Verstopfung) und verflüssigt zähen Schleim. Zu viel Salz tut das Gegenteil: es trocknet aus und verhärtet. Beim salzigen Geschmack, der nach der Zuordnung der TCM kühlend, aufweichend und ausleitend wirkt, sind in Wasser gelöste Salze gemeint, die in ihrer Heilkraft auflösend wirken (z.B. Glaubersalz).

Jede der fünf Geschmacksrichtungen nährt sowohl im Guten wie im Schlechten. In kleinen Dosierungen wirken die Geschmacksrichtungen kurzfristig anregend, in grossen Dosierungen wirken sie langfristig hemmend auf die Organe und deren Funktionen.

Herz, Feuer und der bittere Geschmack – Das Bittere geht zum Herzen

Das Bittere kühlt das Herz und das Blut. Die meisten Bitterkräuter haben eine kühlende Natur, somit Yin-Eigenschaft. Bitteres und Kühlendes (Bittersalate, -gemüse, -kräuter) wirken der Hitze (Feuer) entgegen. Das Verbrennen (Kaffee) oder Brennen (Schnaps) ist auch eine Feuerkraft, die jedoch zu Überhitzung führen kann. Hitze bewirkt das Austrocknen der Säfte (Blutleere) und Durst.

Einfacher: Der bittere Geschmack wirkt kühlend auf Herz und Blut. Bitter-erwärmende Nahrungsmittel und Kräuter wirken trocknend auf Feuchtigkeitsprobleme. Bitter-erhitzende (Gebranntes und Verbranntes) führen zu Hitzeproblemen wie Unruhe, trockenem Mund, geröteten und brennenden Augen.

Wenn organische Substanzen durch Feuer verbrannt werden, werden sie bitter, so z.B. verbranntes Fleisch, verbrannter Zucker, verbranntes Fett, und auch der Kaffee gehört dazu (Kaffeebohnen werden bis zur Schwarzfärbung geröstet). Die bitteren Stoffe des Kaffees wirken absenkend; die verbrannten organischen Substanzen jedoch, z.B. das Fett (Kaffeebohnen sind sehr fetthaltig), erzeugen «giftige» Hitze.

Natürliche Bitterstoffe finden wir im Grüntee, in Bittergemüsen und in vielen Kräutern.

Milz, Erde und der süsse Geschmack – Das Süsse geht zur Milz

Die Milz begehrt das Süsse, es macht sie warmherzig und entspannt. Süss harmonisiert und wirkt energieaufbauend. Mässig süsse Ernährung tonisiert die Milz, zu viel Süsse schwächt sie. Da der süsse Geschmack auch Feuchtigkeit bildet, ist er bei allen Feuchtigkeitsproblemen (Ödeme, Übergewicht) zu meiden. Die in der Milz gebildete Feuchtigkeit wird in den Lungen gesammelt und führt zu Atembeschwerden (Bronchialschleim, Nasenschleim).

Süsses ist besonders geeignet, um gespeichert zu werden. Übermässig Süsses, vor allem die betont süss-fetten und kühlenden Genussmittel wie Kuchen, Schokolade, Eiscreme, Sahnetorten, geht zum «Fleisch» (Bindegewebe). Diese Speicherform heisst dann Übergewicht. Die Lust auf Süsses kommt von Ärger und Sorgen – Süss wirkt entspannend.

Natürliche Zuckerstoffe finden wir im Obst (Fruchtzucker), in Gemüse und Getreide (Kohlenhydrate), in der Milch (Milchzucker) – sie sind bekannt unter dem Begriff «Stärke». Die Stärkestoffe wirken kräftigend und bauen verlorene Energie wieder auf. Sie harmonisieren auf natürliche Weise und ohne übermässig Feuchtigkeit zu bilden.

Leber, Holz und der saure Geschmack – Das Saure geht zur Leber

Mässig Saures, wie Fruchtsäuren, Zitronensäure, Milchsäure, Essigsäure, tonisiert die Leber. Dieses Sauer macht die Leber «lustig», wenn sie leidet. Die meisten Nahrungsmittel mit saurem Geschmack haben eine erfrischende bis abkühlende Wirkung (Obst, milchsauer Vergorenes, «Sauer»-Kräuter). Die Leber neigt dazu, sich durch Wut und Ärger zu überhitzen. Kühlendes und mässig Saures hilft, sie wieder abzukühlen.

Essig ist eine Ausnahme: Guter, lange gereifter Essig ist sauer-warm. Essig hilft der Leber bei der Fettverdauung, und aktivierte Essigsäure (CoA, ein Baustein im Zitronensäurezyklus) hilft den Zellen bei ihrer Energiegewinnung.

Sauer ist ein Yin-Geschmack (abkühlend – Fruchtsäuren, zusammenziehend – Gerbsäuren, einschnürend – Oxalsäure). Er wirkt schweisshemmend, entzündungshemmend, säftebildend. Natürliche Säuren sind die organischen Säuren, Oxalsäure, Gerbsäure, Zitronensäure, Fruchtsäure, Milchsäure, fermentierte Säure (rechtsdrehende Milchsäure), vergorener Fruchtzucker (Weinsäure).

Lunge, Metall und der scharfe Geschmack – Das Scharfe geht zur Lunge

Scharf wirkt zerstreuend und schweisstreibend. Mässig Scharfes wirkt belebend, zu viel Scharfes zerstreut. Scharf und heiss sind dann angezeigt, wenn eingedrungene Kälte (Erkältung) vertrieben werden soll (Ingwertee, Yogitee oder Glühwein mit scharf-warmen Kräutern). Sehr scharfe Gerichte treiben uns die Tränen in die Augen, was die Wirkkraft und -richtung von Scharf wunderbar erklärt: nach oben, aussen, vertreibend. Mässig Aromatisch-Scharfes wirkt anregend auf das Verdauungsfeuer.

Scharf ist ein Yang-Geschmack, und scharf-heisse Kräuter und Nahrungsmittel wirken auflösend, die Oberfläche öffnend, schweisstreibend, durchgängig machend und Stagnationen lösend. Er wirkt zerstreuend, auflösend, fördert die Ausscheidung von Toxinen, wirkt keimtötend und löst Stagnationen.

Natürliche Quellen sind Pflanzen mit viel ätherischen Ölen (Thymianöl, Senföl, Pfefferminzöl u.a.), vor allem in den Liliengewächsen (Zwiebeln, Ingwer, Knoblauch) und Kreuzblütlern (Senf, Kresse, Kohl) anzutreffen.

Scharf ist der Gegenpol zu Sauer: Scharf vertreibt, Sauer sammelt.

Süss ist der Gegenpol zu Bitter: Süss befeuchtet, Bitter entfeuchtet.

Wasser, Nieren und der salzige Geschmack – Das Salzige geht zu den Nieren

Salz wirkt erweichend, auflösend und absenkend (Bittersalze, Stuhlgang). Salzig ist der Geschmack des Meerwassers. Mässig Salziges fördert die Nierenfunktion, unreines Wasser auszuscheiden, zu viel Salziges erschöpft die Nieren, und sie werden in ihrer ausscheidenden Funktion gehemmt.

Salziges Wasser (Mineralwasser) sind in Wasser gelöste Mineralien. Dieses Wasser hat eine kühlende Wirkung. Wer oft an Kälte leidet (friert), sollte kein «rohes», kaltes Wasser trinken, sondern warmes, gekochtes Wasser, wie dies auch die ayurvedische Medizin immer wieder empfiehlt (am besten 10 Minuten gekocht).

Der salzige Geschmack erweicht Verhärtungen, verflüssigt Schleim, macht die Körperorgane weich und verleiht der Nahrung Geschmack. Zu viel bewirkt genau das Gegenteil: Es ist brennend, beissend, heiss und alle anderen Geschmacksrichtungen aufhebend.

Natürliche Quellen sind Kochsalz, Meersalz (stark salzig), Algen, Mineralsalze in Gemüse und Kräutern (mild salzig, neutral).

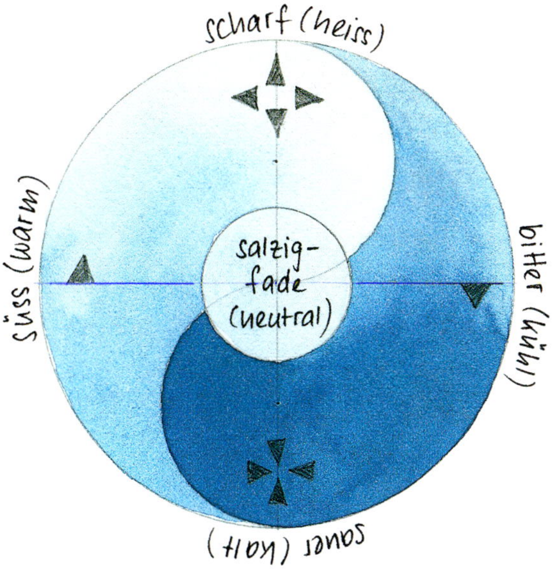

Das Tao der richtigen Ernährung sagt, wer die fünf Geschmacksrichtungen richtig mischt, dessen Knochen sind stark, die Muskeln und Sehnen geschmeidig, Blut und Energie (Qi) fliessen frei.

Die Einteilung der Nahrungsmittel und Kräuter nach ihrer Geschmacksrichtung und mit ihrer Auswirkung auf die Bewegung der Energie (Qi) ist ein uraltes, faszinierendes Prinzip. Lasst eure Nahrung eure Heilung sein ... Heilung ist dann nötig, wenn sich die Energie in die falsche Richtung bewegt und es dadurch zu Krankheitssymptomen führen kann. Einseitige Ernährung ist oft eine einseitige Geschmacksausrichtung. Vom einen zu viel, vom anderen zu wenig ist, so lehrt es uns die 5-Elemente-Ernährung, ungesund. Alle fünf Geschmacksrichtungen, in der richtigen Dosierung eingesetzt, schaffen ein «rundes» Gericht, bringen Ordnung in die Organe und damit Gesundheit.

DIE 5 ELEMENTE

Das Denken in Zyklen und die Idee des harmonischen Zusammenwirkens der fünf Wandlungsphasen ist die Grundlage der 5-Elemente-Lehre. Die fünf Elemente sind Erscheinungsformen der Natur; sie stellen die grundlegenden Abläufe und Fähigkeiten der Natur dar, Dinge zu wandeln. Anders als das Yin-und-Yang-Prinzip, welches sich eher mit dem Ausgleich von polaren Kräften befasst, geht es hier um den Gedanken des Lebensflusses, der mit all seinen Qualitäten als energetische Kraft wirkt.

Die fünf Wandlungsphasen wirken, denselben Gesetzmässigkeiten folgend, sowohl in der Natur (Himmel) wie auch im Menschen (Erde) – aussen in der Veränderung durch die Zeit (Jahreszeiten) und innen in den Lebenszeiten des Menschen (Alter). Dem Frühling folgt immer der Sommer, der Jugend immer das Alter.

Die Elemente zu leben heisst, ihre Existenz zuzulassen, damit aber auch ihre Qualität und das Spiel ihrer Bewegung.

Holz

Dem Holzelement wird der Beginn und das In-Gang-Kommen einer Bewegung zugeschrieben. Die Wandlungsphase Holz vermittelt die Idee des Neubeginns und des Hervorbringens, symbolisiert im zartgrünen Weizenspross und in der grünen Farbe der beginnenden Frühlingszeit. In keiner Jahreszeit erleben wir diese Dynamik so intensiv und so schnell ablaufend wie im Frühling. Es sind gewaltige Kräfte am Werk. Auch der frühe Morgen und der Sonnenaufgang im Osten symbolisieren diese Kräfte des Aufsteigens, denen in der menschlichen Entwicklung die Kindheit und die Jugendzeit entsprechen.

Im Körper werden die Bewegungen der Muskeln und Sehnen als Ausdruck der Bewegungskraft mit dem Holzelement in Verbindung gebracht. Und im geistig-seelischen Bereich stehen Toleranz und Kreativität damit in Verbindung.

Der Bambus ist wohl das treffendste Symbol für die Wandlungsphase Holz: immergrün, schnell spriessend und wachsend, ungemein stark und trotzdem nach allen Seiten beweglich. Der dazugehörige klimatische Faktor ist der Wind. Wind bewegt die Bäume und ermöglicht die Windbestäubung. Windanfälligkeiten werden der Wandlungsphase Holz und den dazugehörenden Organen Leber und Gallenblase zugeordnet.

Feuer

Die Glut des Feuers ist die Kulmination der gewaltigen Kraft der Sonne. Die rote Farbe, die Mittagshitze und die Sommerhitze, die Himmelsrichtung Süden also und der Höchststand der Sonne werden dem Element Feuer zugeordnet. Im übertragenen Sinn ist es auch der höchste Punkt in der menschlichen Entwicklung, das sogenannte beste Alter. Es zeigt sich in der Dynamik, die sich in der Kraft des Erwachsenen in der Berufswelt findet, in der Ausdehnung und Ausbreitung seines Wissens, die man als Karriere bezeichnet. Diese Hoch-Zeit, die manchmal im Burn-out-Syndrom (Ausgebranntsein) endet.

Die Bewegung des Feuers wird als höchste Ausdehnung und Dynamik des Yang beschrieben und erreicht in der Natur ihre höchste Entfaltung in der Blüte und in den ätherischen Ölen, welche die Glut der Sonne eingefangen haben.

Das Lachen und die wahre Lebensfreude lassen diese Feuerenergie zu menschlicher Wärme werden. Das Herz und das Blut, dem Feuerelement und der roten Farbe zugeordnet, sind seit je Symbol für Freude und Liebe. Dies ist wohl auch der Grund, weshalb sich Verliebte rote Herzen schenken.

Metall

So wie der Kristall das kosmische Licht eingefangen hat, um es in einem kristallharten Kiesel zu verdichten, verkörpert das Metallelement die Bewegung des Sammelns und des Kondensierens des Makrokosmos. Die weisse Farbe des Metallelements ist das Licht des Kosmos. Auf der körperlichen Ebene haben die Lungen diesen Aspekt, die Welt durch das Atmen in sich aufzunehmen.

Metall, dem Westen zugeordnet, wird symbolisiert durch den Niedergang der Sonne am Abend. In der menschlichen Entwicklung entspricht es dem Alter, in dem der Mensch sich allmählich von der Hektik und Aktivität zurückzieht, um aus seinen reichen Lebenserfahrungen die Früchte zu ernten.

In der Natur erfolgt nun das Zurückziehen der Säfte zu den Samen und Wurzeln. Die Kräfte sammeln sich nach innen und unten. Das Laub wird welk und die Farben verblassen. Es ist die Zeit des Abschiednehmens. Nach einem reichen Leben muss der Mensch lernen, dass die Zeit gekommen ist, sich allmählich zu verabschieden von der «Blüte» seines Lebens. Dieses Loslassen hinterlässt oft ein Gefühl von Verlust.

Tränen sind die Flüssigkeit der Lunge, die das Herz nach oben führt. Klagen über Leid ist die Emotion der Lunge. Wenn Trauer und Tränen im Brustraum stecken bleiben, führt dies zu Atembeschwerden und Enge in der Brust. Der organischen Fähigkeit der Hautporen (Metallelement), sich bei Wärme oder Kälte zu öffnen oder zu verschliessen, entspricht auf der Gefühlsebene die Fähigkeit, sich dem natürlichen Rhythmus des Lebens zu öffnen oder zu verschliessen. «Wei-Qi», die Abwehrkraft oder das Immunsein, ist die dem Metallelement zugeordnete Kraft. Sammelt sich zu viel Trauer im Brustraum, wird es eng und hart (Kristall). Die Lungen verlieren ihre Kraft, den Kosmos (Luft und Licht) aufzunehmen. Es geht darum, die «Bitterkeit» loszulassen, um nicht hart wie ein Kristall, sondern lichtvoll wie ein Kristall zu werden.

Wasser

Das Element Wasser ist das Ende und die Vorbereitung für einen neuen Zyklus. Dies setzt eine Konzentration der Energie nach innen und unten voraus, die sich im tiefsten Inneren vollzieht. In der Natur findet dies während den Wintermonaten statt. Aussen herrscht ein dem Tod ähnlicher Zustand, es ist die absolute Stille, in der auch die Wiedergeburt vorbereitet wird. Das Wasserelement repräsentiert diese Eigenschaft wie auch die Bewegung der Verinnerlichung.

Im Körper werden neben den Körperflüssigkeiten wie Urin, Samenflüssigkeit, Gelenkflüssigkeit, Lymphflüssigkeit, die Flüssigkeiten in den Zellen und um die Zellen, aber auch die härtesten Strukturen, wie die Knochen und Zähne, mit dem Wasserelement in Zusammenhang gebracht. Das Wasserelement ist gekennzeichnet durch seine enorme Anpassungsfähigkeit: Es kann geschmeidig alle Hindernisse umfliessen, aber es kann genauso knallharten Widerstand leisten. Dies ist die enorme Wandlungsfähigkeit des Wassers. Ganz fein-stofflich (zart) und ganz grob-stofflich (hart). Deshalb wird dem Wasserelement auch eine grosse Weisheit zugesprochen.

Die Farbe Schwarz trägt das Geheimnisvolle und Unerklärliche in sich. Es ist die Farbe, die man mit dem Sterben verbindet, und die schwarzen Kutten der Mönche sind ihr Zeichen der Askese, das sie nicht aus Trauer, sondern als Farbe der Bescheidenheit tragen. Weisheit hat seinen Ursprung in der Bescheidenheit. Das Schwarz der Wandlungsphase Wasser wird daher einerseits mit Bescheidenheit assoziiert, es bedeutet aber auch, dass die schwarze Farbe das Licht (der Weisheit) in sich trägt.

Alle dunklen, schwarzen Nahrungsmittel wie schwarzer Sesam, schwarze Algen, schwarze Bohnen sind dem Wasserelement und den Nieren zugeordnet. Es sind die bescheidenen Nahrungsmittel, welche die Nieren stärken. Starke Nierenkraft bedeutet auch, den Mut zu haben, das geheimnisvolle Schwarz (Furcht) zu überwinden.

Erde

In der Natur erlaubt uns die Erde, sie zu bepflanzen, um uns von ihr zu ernähren. Damit Pflanzen gedeihen, braucht es Feuchtigkeit. Erde ist das Symbol für Transformation und Metamorphose (Wandlung). Die Farbe Gelb – im Regenbogen in der Mitte zu finden – ist eine durchwärmende Farbe. Während Rot nach aussen (extravertiert) und Blau nach innen strahlt (introvertiert), ist Gelb das Durchstrahlende, das seine reinste Form im Goldgelb findet. Das Goldgelb im Honig wie auch im Korn und das fliessende Gold in den Ölen der Samen und Kerne, all das bringt die Erde hervor.

Die gelbe Farbe steht für klares Denken und Heiterkeit. Wir finden sie in der Mitte und im Element Erde, weil die Erde in der TCM sowohl der Heiterkeit wie auch dem Denken (Klarheit) zugeordnet ist.

Im menschlichen Körper sind dem Erdelement die Verdauungsorgane zugeordnet, weil sie es sind, die äussere Erde in innere Erde transformieren. Durch das Zersetzen und Zerlegen der Nahrung in Rein und Unrein schaffen die Organe der Mitte einen neuen Lebensstrom – Blut und Qi genannt. Die innere Erde ist der innere Boden, auch Terrain genannt, das Bindegewebe (Fleisch), auf dem alles gedeiht. «Die Mikrobe ist nichts, das Terrain ist alles.» Dieser Grundsatz besagt, dass uns keine Mikrobe etwas anhaben kann, wenn die innere Erde gesund ist. Ebenso gilt: «Der Mensch ist, was er isst»; dies meint, er kreiert sein eigen Fleisch und Blut.

Dem Erdelement wird der Spätsommer zugeordnet, die Zeit der Reifung der Säfte und des Zuckers. Die Erde kennt keine Himmelsausrichtung, sie ist dem Zentrum zugeordnet. Aus dieser Mitte heraus verläuft jede Umwandlung: nach oben, aussen, unten und innen.

Sorgen und grüblerisches Sich-im-Kreise-Drehen ist das, was die Erde festhält und ihre Umwandlung hemmt. Sorgen in Heiterkeit zu lösen ist die Fähigkeit, das Schwere ins Leichte zu transformieren.

Die fünf Elemente in der äusseren Natur sind die Erscheinungsformen der Natur: Holz, Feuer, Erde, Metall und Wasser. Sie beschreiben die grundlegenden Abläufe und Fähigkeiten der Natur zu wandeln: Vom Frühling zum Sommer, Spätsommer, Herbst und Winter wechseln die Jahreszeiten und wandeln die Gegebenheiten. Diese Dynamik des «Himmels» ist auch die bewegende Kraft der «Erde». Der Frühling bringt neues, zartes Grün hervor. Der Winter, das scheinbare Ende, das man mit dem Sterben verbindet, bringt das geheimnisvolle Schwarz hervor.

Die Beziehung Himmel-Mensch-Erde ist die Interaktion der äusseren Elemente und ihrer Wandlungsfähigkeit mit den inneren Elementen und deren Wandlungsfähigkeit. Menschsein bedeutet, sich von der Geburt bis zum Tod fortlaufend zu wandeln. Gefühle wandeln sich von Freude in Trauer, Gedanken wandeln sich von klar zu unklar, der Körper wandelt sich vom einst kindlichen und jugendlichen zum reifen und alten. Nichts bleibt stehen, alles fliesst und ändert sich. Qi nennen es die Chinesen, welches vorantreibt und wandelt. Dies ist der dynamische Aspekt in den fünf Elementen, der unsichtbar, aber spürbar sein Werk vollendet.

DIE SIGNATUREN DER NAHRUNGSMITTEL

Signatur ist das, was jedes Individuum identifiziert. Mit unserer Unterschrift (Signatur) verraten wir unsere Familienzugehörigkeit, den persönlichen Vornamen und mit der Schriftart unsere Eigenheit, die so kennzeichnend ist, dass man Sie aus tausend Schriftarten «überführen» kann.

So ist es auch in der Pflanzenwelt. Pflanzen haben eine Familienzugehörigkeit, z.B. Liliengewächs, einen persönlichen Vornamen, z.B. Knoblauch, und die «Schriftart» wäre dann das Wesen des Knoblauchs, gewachsen in trockenem, warmem Klima. Mit seinem scharfen Geschmack und seinen schilfartigen Blättern, die wie Speerspitzen aus dem Boden treiben, ist er dem Planet Mars zugeordnet. Er wirkt schweisstreibend, urintreibend und auswurffördernd. Mit seiner Marshitze kann er die Grippe austreiben und, in Milch gekocht, die Lungen entschleimen.

Jede Pflanze empfängt und speichert kosmische Kräfte auf ihre eigene charakteristische Art und Weise, und diese gespeicherten Kräfte oder der «Geist» der Pflanze wirken dann auf dieselbe charakteristische Weise im Körper. Je nachdem, wo die Pflanzen gewachsen sind, ob im Tal oder in den Bergen, ob in feuchter oder trockener Umgebung, wirken ihre Kräfte verschieden. Sie haben dann die entsprechenden Eigenschaften, Feuchtigkeit zu trocknen oder Trockenheit zu befeuchten.

Die Wirkstoffe sind jene Stoffe, die sich chemisch analysieren lassen, wie verschiedene Zucker, Stärken, Fette, Eiweisse sowie eine ganze Reihe von anderen Inhaltsstoffen, wie Vitamine, Mineralstoffe, Spurenelemente, organische Säure, Bitterstoffe, Schleimstoffe, ätherische Öle. Alle diese Wirkstoffe dienen unserem Körper als Nährstoffe ebenso wie für die vielen Regulationsprozesse der körpereigenen Chemie. Die Pflanzen wirken mit ihren Inhaltsstoffen jedoch nicht allein nährend und regulierend, sondern auch, entsprechend dem, wie sie den Kosmos in sich aufnehmen, als heilend.

Das Wesen der Pflanze, ihre Signatur, umfasst den ganzen Ausdruck ihres Seins: Form, Farbe, Geschmacksrichtung, Wachstumsart und Wachstumsort, ihr ganzes «Erbgut» und die Art, wie sie die Idee des Kosmos speichert. Alles zusammen bildet ihre Heilkräfte.

Auch beim Menschen kann man das Gesundsein ebenso wie das Kranksein sehen und beobachten lernen. Wenn der Körper die Nahrung nicht mehr richtig wandeln kann, dann zeigt sich dies als Körpergeruch. Am Geruch kann man erkennen, welche Wandlungsphase im Ungleichgewicht ist. Das Fühlen oder Berühren gibt Hinweise auf Kälte oder Hitze. Die Farbe der Haut weist auf die Elemente (siehe farbliche Zuordnung zu den Elementen, Seite 47) und damit auf bestimmte Organe hin, die Zunge und ihr Aussehen auf die Art, wie verdaut wird.

Die Signaturenlehre ist auch in der TCM von grosser Bedeutung. Man beobachtet die Krankheit als ein dynamisches Geschehen, und zu dieser Dynamik hat die Natur Heilmittel geschaffen. So ergibt sich das Zusammenwirken der Signatur einer Krankheit mit der Signatur einer Pflanze. Eigentlich beginnt erst hier die wahre Kunst der Ernährung und Verwendung von Kräutern nach der chinesischen Lehre. Dazu sei hier nur ein Beispiel gegeben, wie die Signaturen in der TCM verstanden werden.

Knoblauch
Temperaturverhalten: heiss
Geschmack: scharf
Wirkrichtung: aufsteigend
Wirkung: unterstützt das Yang, beseitigt Stagnationen, vertreibt Kälte und wärmt die Organe des mittleren Erwärmers
Anzuwenden bei Krankheitsmustern wie: Nässe/Kälte im mittleren Erwärmer (Yang-Leere der Milz)

Die Nahrungsmittel oder Kräuter wirken entsprechend ihrer Signatur. Die thermische Wirkung (Temperaturverhalten) gleicht die Yin-/Yang-Wurzel aus. Der Geschmack bewegt das Qi in den fünf Elementen (Wandlungsphasen). Die Konsistenz der Nahrungsmittel oder Kräuter reguliert die Säfte: trockene Lebensmittel wirken austrocknend, feuchte, schlüpfrige wirken befeuchtend. Die Farben wirken wärmend (gelb, orange, rot) oder kühlend (grün, blau, schwarz) und sind die Schwingung auf der seelisch-geistigen Ebene. Bei der Wahl der richtigen Nahrungsmittel und Kräuter haben Thermik und Geschmack Priorität.

Jede Frucht, jedes Getreide, Gemüse und Kräutlein ist so individuell, dass es schwierig ist, sie klar und eindeutig in eine Tabelle einzuordnen. Die Nahrungsmitteltabellen im Anhang Seite 127ff. sind nur eine grobe Zuordnung nach Geschmack, Thermik, Farbe, Form und Wirkkräften.

Die nach den Jahreszeiten ausgerichtete Ernährung für den gesunden Menschen (Saisonobst, Saisongemüse, Saisonkräuter) ist eine vielseitige, vollwertige, gesunde Ernährung. Gekocht und zubereitet im Kreislauf der fünf Elemente, bedarf sie nicht einer weiteren Berücksichtigung der Signaturenlehre.

In der Ernährung für den Kranken, der Heilkost, ist es wertvoll und eigentlich unumgänglich zu wissen, welches Nahrungsmittel was bewirken kann. Womit wir beim Unterschied zwischen einem Rezept (Genuss) und einer Rezeptur (Heilung) angelangt sind.

Verdauungsprobleme, Völlegefühl, Blähungen, bleierne Müdigkeit und Übergewicht lassen sich nicht allein durch ein genussvolles Essen beheben. Hier haben wir ein «Krankheitssymptom», das in der Sprache der TCM auf einen Mangel an Qi und Yang im Funktionskreislauf der Milz hindeutet. Der Energie- (Qi) und Wärmemangel (Yang) kann zu einer Fülle von Nässe (Schleim) und Kälte (Yin) führen. (Wenn das eine sinkt, dann steigt das andere an – die Bewegung von Yin und Yang.) Die Folgen sind Müdigkeit, Völlegefühl, Frieren und mehr oder minder Übergewicht.

Die zu wählenden Nahrungsmittel müssen also folgende Eigenschaften haben:

Temperaturverhalten: warm
Geschmack: bitter-scharf (aromatisch), mässig süss (natürliche Süsse, kein Zucker) nicht sauer, salzig und süss-kalt
Wirkung: verdauungsfördernd
Krankheitsmuster: Yang-Leere in der Milz, Yin-Fülle (Nässe, Schleim)
Behandlungsprinzip: Ausleiten der Yin-Fülle, Unterstützen des Yang, Tonisieren des Qi
Meridian/Organe: Magen, Milz, Bauchspeicheldrüse, Darm und Nieren

Hier helfen uns die Nahrungsmitteltabellen, die geeigneten Nahrungsmittel und Kräuter zu finden. Wärmende Nahrungsmittel und Kräuter mit bitter-scharf-aromatischem Geschmack sollten bevorzugt werden. Die Zubereitung haben wir schon kennengelernt. Bei Yin-Fülle wählen wir yangisierende Kochmethoden, sie ergänzen das «fehlende Feuer».

Nach der Lehre der Signaturen der Nahrungsmittel und Kräuter lassen sich Pflanze und Mensch in eine Einheit bringen. Pflanzen haben eine Signatur, man könnte dies als Wesensart übersetzen. Die Signatur ist Ausdruck der Heilkraft der Natur (Pflanze), gewachsen, um das Krankhafte in der Natur (Mensch) zu heilen. Beide sind geprägt von einer «Signatur», einem Ausdruck des Seins: das eine heil, das andere krank.

DIE 5 ELEMENTE IM KREISLAUF DES WERDENS

Die fünf Elemente sind, wie wir gesehen haben, keine festen Bestandteile der Natur, sondern Eigenschaften der Natur. Wasser hat die Eigenschaft zu befeuchten, Holz hat die Eigenschaft zu wachsen, Feuer hat die Eigenschaft, Wärme zu spenden, Erde erlaubt das Wachsen und Reifen, Metall kann man formen, gehärtet kann es schneiden.

Damit das Feuer richtig warm wird, braucht es viel Holz. Damit genügend Holz da ist, braucht es Wasser usw. Die fünf Elemente beschreiben also die grundlegenden Abläufe der Natur und illustrieren, wie das eine Element das andere

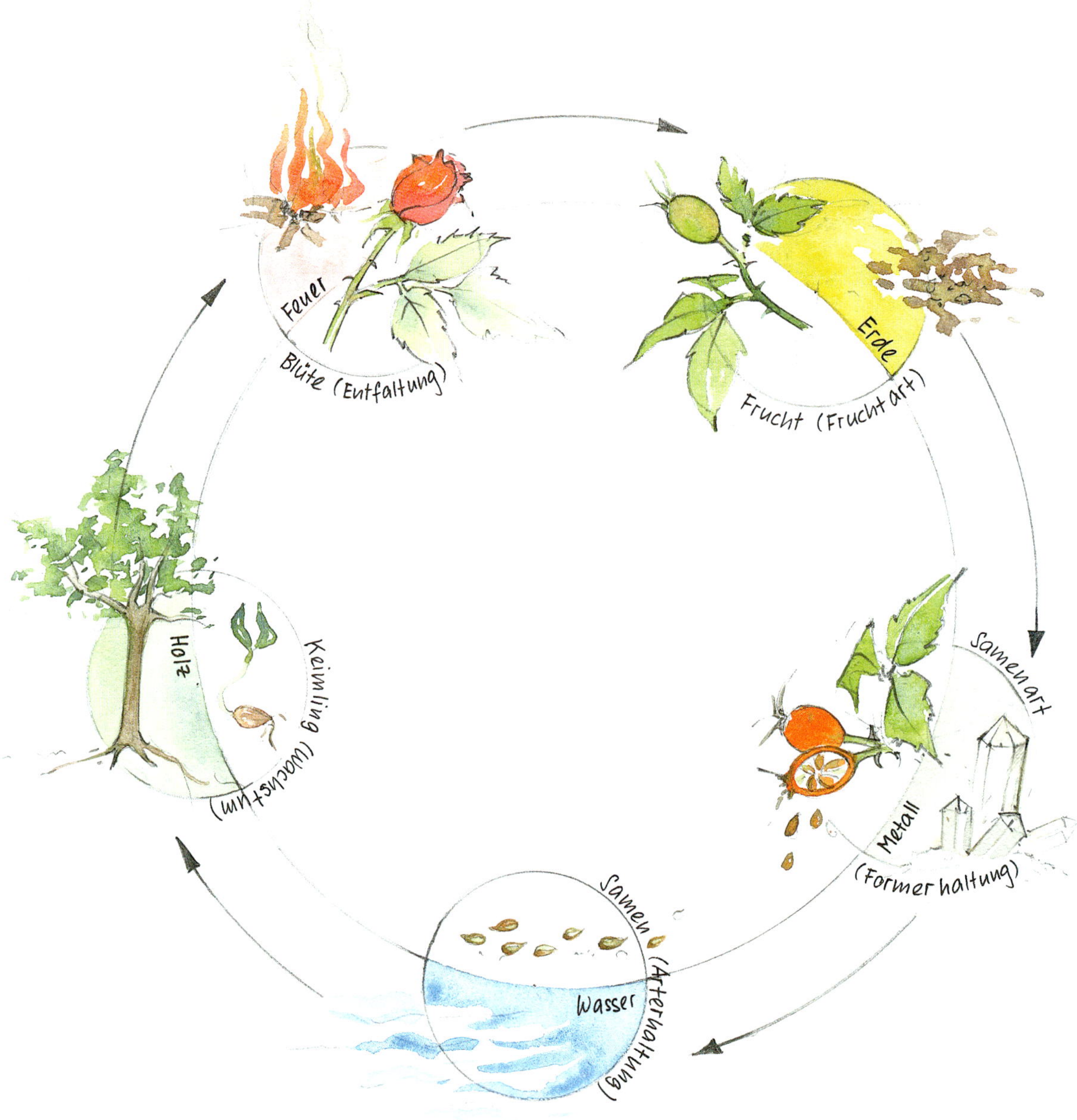

hervorbringt. Deshalb stehen die fünf Elemente im Kreis, Symbol für den ewigen Lauf der Dinge – ununterbrochen findet das Werden und Vergehen statt.

Dieser Kreislauf des Werdens nennt sich der «Zeugungszyklus»: Wasser erzeugt Holz (Bäume), Holz erzeugt Feuer (Wärme), Feuer erzeugt Erde (Asche), Erde erzeugt Metalle (Mineralien), Metall erzeugt Wasser (Flüssigkeiten).

Auf die Pflanzenwelt übertragen, ist dieser erzeugende und zugleich nährende Kreislauf eines Pflanzenlebens der folgende: Wasser erzeugt das Wachstum der Pflanzen (Holz), das Pflanzenwachstum erzeugt die Entfaltung der Blüte (Feuer), die Blütenentfaltung erzeugt die Frucht (Erde), die Frucht erzeugt die Samen (Metall), und die Samenbildung erzeugt die Arterhaltung (Wasser).

Erzeugen und nähren, so wie es Eltern mit ihren Kindern tun; deshalb wird der Zyklus auch «Mutter-Kind-Zyklus» genannt. Die Mutter «erzeugt» und nährt das Kind. (Natürlich ist auch der Vater «Erzeuger», die Mutter jedoch empfängt das Kind und bringt es zur Reife.) Sinnbildlich übertragen auf die Natur, ist Wasser die Mutter des Holzes, Holz ist die Mutter des Feuers, Feuer ist die Mutter der Erde, Erde ist die Mutter des Metalls, und Metall ist wiederum die Mutter des Wassers.

Der Kreislauf der Natur im Hervorbringen und Erzeugen ist auch der Kreislauf in der Ernährung. Die Nahrungsmittel mit ihren Zuordnungen zu den fünf Geschmacksrichtungen wirken auf das entsprechende Element.
Die richtige Anwendung der Geschmacksrichtungen bewirkt ein gutes «Nähren» und richtiges «Erzeugen». Falsche Ernährung, im Sinne der Überfütterung mit einer Geschmacksrichtung, erzeugt Ungleichgewicht:

Der süsse Geschmack erzeugt Feuchtigkeit (Schleim).
Der scharfe Geschmack erzeugt Trockenheit.
Der salzige Geschmack erzeugt Kälte.
Der saure Geschmack erzeugt Säfteansammlung (Wind).*
Der bittere Geschmack erzeugt Hitze.

* Beim sauren Geschmack ist hier vor allem die adstringierende (sammelnde, einschnürende) Säure gemeint, welche die Eigenschaft hat, den Säftestrom (Blut) festzuhalten. Der übermässige Genuss von sauer-adstringierenden Speisen und Getränken kann zum «Einschnüren» des Blutflusses führen, zu einem Leberblut-Mangel, der sich zu Leber-Wind (Schwindel, Zittern) entwickeln kann. Kaffee wäre hier ein Beispiel; er enthält sehr viel Chlorogensäure, und der Genuss von zu viel Kaffee «schnürt» die Leber ein. Dass man nach zu viel Kaffee zittrige Hände und ein unruhiges Herz bekommt, ist wohl bekannt.

Der Mutter-Kind-Zyklus in den Organen

Holzelement = Leber/Gallenblase (Mutter) – Herz (Kind)
Feuerelement = Herz/Dünndarm (Mutter) – Milz (Kind)
Erdelement = Milz/Magen (Mutter) – Lungen (Kind)
Metallelement = Lunge/Dickdarm (Mutter) – Nieren (Kind)
Wasserelement = Nieren/Blase (Mutter) – Leber (Kind)

Ist die «Mutter» voller Energie und Kraft, wird auch ihr «Kind» stark sein. Fehlt es der «Mutter» an Energie, wird «ihr Kind» entsprechend energielos sein. Ein kraftvolles «Erdelement» (Verdauungskraft) erzeugt auch ein energievolles «Metallelement» (Abwehrkraft). Dies ist der nährende und erzeugende Energiekreislauf innerhalb der Organe und die Dynamik der Ernährung, wie sie sowohl im Guten wie auch Schlechten «erzeugt».

Die Ernährung beruht auf der dynamischen, sich im Kreise bewegenden Nährenergie. Der Kreislauf des Hervorbringens, wie wir ihn in der Natur vorfinden, ist auch der Kreislauf, nach dem im Körper sich Gesundheit oder Krankheit entwickeln kann. Der «Zeugungskreislauf», auch «Mutter-Kind-Kreislauf» genannt, ist eine Darstellung dieser Dynamik. Wenn in der Natur ein Element «kränkelt», liegt der Grund darin, dass es «substanzlose» Nahrung bekommt. Ein Baum (Holz), genährt durch substanzloses Wasser, wird nie kräftig werden. Für ein gesundes und kräftiges Wachstum braucht er neben Wasser auch Mineralien. Dieselben Gesetzmässigkeiten wie in der äusseren Natur gelten auch für die menschlichen Funktionen. Auch sie brauchen die lebensnotwendigen Substanzen. Der Kreislauf des Werdens in den fünf Elementen ist der Energiezyklus, der in der äusseren (Makrokosmos) wie auch in der inneren Natur (Mikrokosmos) abläuft.
Richtige Ernährung «nährt» die Gesundheit. Überfütterung oder Mangelernährung erzeugt Krankheit.

DER KONTROLLZYKLUS INNERHALB DER 5 ELEMENTE

Die Elemente bewegen sich in einem hervorbringenden Zyklus (Zeugungszyklus). Leben kann sich aber nicht ständig vermehren und erzeugen, ohne dass es innerhalb dieses Lebens auch die notwendige Kontrolle dieser Prozesse gibt. Dabei geht es um den Zyklus der gegenseitigen Kontrolle (Kontrollzyklus), um innerhalb der Prozesse ein Gleichgewicht zu wahren. Viele selbstregulierende Mechanismen im menschlichen Körper lassen sich so erklären. In der modernen Wissenschaft nennt man es den kybernetischen Regelkreis. Die fünf Elemente (Organfunktionen) kontrollieren sich gegenseitig, damit innerhalb der Elemente alles im Gleichgewicht bleibt und nichts ausser Kontrolle gerät (Regulationsprozesse).

Dieser Kontroll- oder Regelkreis innerhalb der fünf Elemente sei am Beispiel der Organfunktionen veranschaulicht:

Leber/Gallenblase (Holz) kontrolliert die Funktion der Erde (Milz/Bauchspeicheldrüse, Magen).

Milz/Magen (Erde) kontrolliert die Funktion des Wassers (Nieren, Blase).

Nieren/Blase (Wasser) kontrolliert die Funktion des Feuers (Herz, Dünndarm).

Herz/Dünndarm (Feuer) kontrolliert die Funktion des Metalls (Lunge, Dickdarm).

Lunge/Dickdarm (Metall) kontrolliert die Funktion des Holzes (Leber, Gallenblase).

Der Kontrollzyklus am Beispiel des Geschmacks ist:

Bitter kontrolliert das Metallelement (Lunge, Dickdarm).

Süss kontrolliert das Wasserelement (Nieren, Blase).

Scharf kontrolliert das Holzelement (Leber, Gallenblase).

Salzig kontrolliert das Feuerelement (Herz, Dünndarm).

Sauer kontrolliert das Erdelement (Magen, Milz/Bauchspeicheldrüse).

Auch innerhalb des Kontrollzyklus gibt es neben der Gesundheit bringenden Kontrolle eine krankmachende, schwächende Kontrolle. Am Beispiel der Natur:

Zu viel Wasser löscht das Feuer –
das Feuer wird geschwächt;

zu viel Feuer schmilzt das Metall –
das Metall wird geschwächt;

zu viel Metall schneidet das Holz –
das Holz wird geschwächt;

zu viel Holz hält die Erde fest –
die Erde wird geschwächt;

zu viel Erde verschlammt, verschmutzt das Wasser –
das Wasser wird geschwächt.

Einseitige Ernährung, das heisst in der 5-Elemente-Ernährung eine einseitige Geschmacksausrichtung, führt zu einer Schwächung innerhalb der Elemente. Die Überfütterung des einen Elements hat zur Folge, dass das übernächste geschwächt wird. Im Körper zeigen sich die Probleme meist beim geschwächten Organ: Das Organ, welches eigentlich für eine gesunde Regulation (Kontrolle) innerhalb der fünf Elemente besorgt sein sollte, ist durch Überfütterung zu sehr mit sich selbst «beschäftigt». Ein verbreitetes Problem ist die Überfütterung durch eine zu salzige Ernährung (Wasserelement); sie schwächt das Herz (Bluthochdruck) (Feuerelement).

Eine in Geschmack und Thermik unausgewogene Ernährung beeinträchtigt die Regulation. Die Kontrolle innerhalb der Elemente wird gestört durch Über- oder Unterkontrolle einer oder mehrerer Funktionen. Das Denken in Zyklen in der 5-Elemente-Lehre beschreibt ein Netzwerk von miteinander interagierenden Energien. Die Elemente sind energetische Qualitäten, die sich durch die Zeit, aber auch durch die Ernährung verändern. Die Idee des Zusammenwirkens der fünf Wandlungsphasen mit allen ihren zugeordneten Qualitäten gibt uns die Möglichkeit, ein neues Verständnis für die Ernährung zu bekommen und das Nahrungsmittel in den Lebensfluss hineinzubringen. Das Denkschema der kontrollierenden Funktionen kann auch helfen, bei Schwäche eines Elements Geschmacksrichtungen gezielt einzusetzen und damit sein eigener Arzt zu werden. Dabei nehmen wir aber keine Medikamente, sondern, wenn immer möglich, Mittel aus der Naturapotheke.

Als Beispiel nehmen wir die Geschmacksrichtung Bitter (Feuer). Sie kontrolliert Lunge/Dickdarm (Metall). Kräuter und Gewürze von würzig-bitterem Geschmack, wie Salbei, Thymian, Rosmarin, und solche von intensiv-bitterem Geschmack, wie Gelbwurz, Beifuss, Bockshornkleesamen, kontrollieren die Metallorgane. Salbei und Thymian sind altbekannte Heilmittel für die Lungen (Husten). Gelbwurz hat vor allem auf den Dickdarm eine heilende Wirkung (chronische Darmreizung). Das richtige Verständnis der Ernährung ist das Ende der ernährungsbedingten Krankheiten und der Anfang der Heilung.

Um nochmals ein Beispiel zu nennen: Die von uns so bevorzugte süsse Ernährung – ob dies nun das Marmeladenbrot, Teigwaren an Käserahmsauce, Pommes frites mit Ketchup oder Kuchen ist, sie alle lassen sich einordnen unter Süss und Fett – bewirkt in der Dynamik der fünf Elemente:

Süsse und fette Ernährung	
überfüttert das Erdelement	Feuchtigkeitsbildung (das Element «nährend»)
erzeugt im Metallelement	Schleim (Mutter-Kind-Zyklus)
schwächt das Wasserelement	Ödeme (Kontrollzyklus)
verletzt das Holzelement	Übelkeit (Verletzungszyklus)
führt zu Unterernährung des Feuerelements	Konzentrationsmangel (Kind-Mutter-Zyklus); die Leere im Kopf ist auf eine Überfülle von Schleimkälte zurückzuführen, die blockierend wirkt.

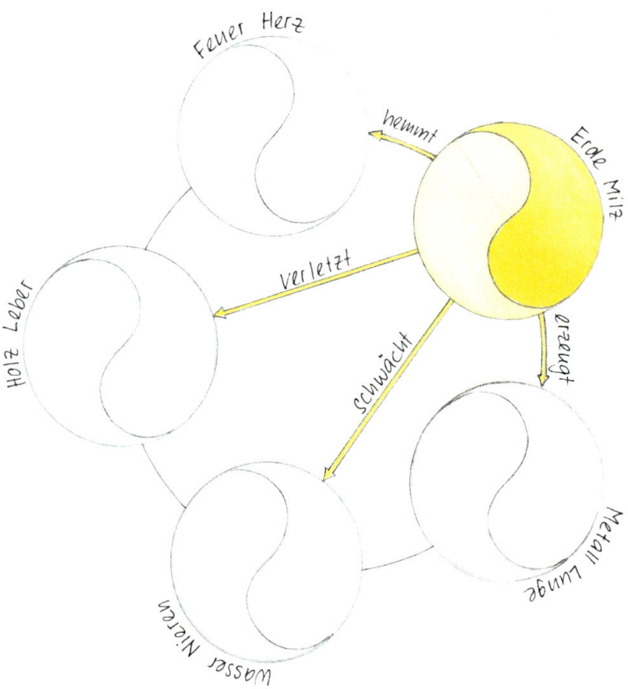

Die Zuordnung der Geschmacksrichtung (Ernährungsgewohnheit) zu einem bestimmten Element bedeutet, dass sie innerhalb des Elements eine harmonisierende oder disharmonisierende Wirkung hat, auf das nächste Element eine positiv hervorbringende oder negative Wirkung, auf das übernächste Element eine kontrollierende oder überkontrollierende Wirkung, auf das überübernächste Element eine achtende oder verachtende und auf das vorliegende Element eine stärkende oder eine schwächende Wirkung.

Die Heilung und damit eine tatsächlich «nährende» und Positives erzeugende Ernährung (im Kreis rechtsherum drehend) sollte möglichst naturbelassen, vollwertig und nach den fünf Elementen zubereitet sein. Bei einseitiger und denaturierter Ernährung kann dieser Lebensfluss geschwächt und verletzt werden, was Krankmachendes erzeugen kann.

Leben bringt fortwährend Neues hervor (erzeugen). Dieses neue Leben will genährt sein, damit es sich entwickeln und wachsen kann, ob in der Pflanzenwelt oder beim Menschen (nährender Zyklus). In diesen Lebensprozessen von Zeugung und Nährung braucht es auch einen regulierenden Mechanismus, um das Gleichgewicht zu wahren. Ohne diesen Kontrollzyklus würden das Leben und damit die Lebensprozesse ausser Kontrolle geraten. Dieses Netzwerk von miteinander interagierenden Energien ist zusammengefasst in der Idee vom Zusammenwirken der fünf Wandlungsphasen mit all ihren zugeordneten Qualitäten. Gesundheit bedeutet Mitschwingen im Lebensfluss. Die Quelle der Gesundheit ist einerseits ein Erzeugnis der Ernährung und andererseits eine Folge der Regulation.

Wenn der Fluss zwischen den Elementen blockiert ist, weil er in einem Element festgehalten oder weil ein Element völlig ausgeklammert wird, bedeutet dies nicht nur Verlust, sondern auch Disharmonie in den Elementen.

DIE JAHRESZEITEN ALS MAKROKOSMISCHER RHYTHMUS

Das grosse Tao der Natur wird folgendermassen definiert:

- Im Frühling (Yang im Yin) bewegt sich die Energie nach oben/aussen im Spriessen und keimenden Grün (das kleine, zarte Yang).
- Im Sommer (Yang im Yang) wächst die Energie und entfaltet sich zum Höhepunkt – Blüte, Farbe, Duft (das grosse, üppige Yang).
- Im Herbst (Yin im Yang) bewegt sich die Energie nach unten, kondensiert, in die Frucht (das kleine, wachsende Yin).
- Im Winter (Yin im Yin) zieht sich die Energie ganz nach innen, sammelt sich in den Wurzeln und den Samen (das grosse Yin).

Die vier Phasen der Jahreszeiten bedeuten die grundlegende Änderung und Wandlung des Qi. Die Kraft der Natur bewirkt das Wachstum und die Reifung. Sich im Rhythmus der Jahreszeiten zu ernähren heisst im Einklang mit der Natur zu leben. Junges, zartes Grün im Frühling, farbenfrohe Ernährung im Sommer, die Früchte des Herbstes und die Samen und Wurzelgemüse im Winter nähren und schützen Yin und Yang.

Wir sollten die Nahrungsmittel zu jenen Zeiten essen, in denen sie in unserer unmittelbaren Umgebung reifen. Einerseits haben die Nahrungsmittel die kosmischen Energien gespeichert, und andererseits stimmen sie im Rhythmus der Jahreszeit. Naturverbundenheit bedeutet in der TCM, sich auch bezüglich der Ernährung mit der Natur zu verbinden.

Im Sommer, wenn es sehr heiss und trocken ist, kann es schnell zu inneren Hitzeproblemen kommen. Dies äussert

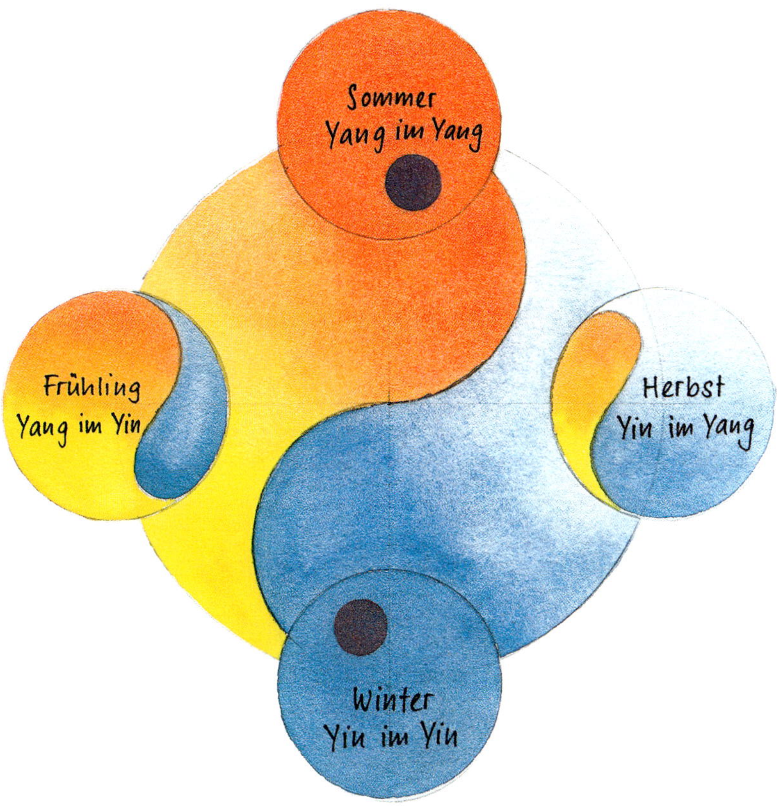

sich im Verlust von Körperflüssigkeiten (Schwitzen). Glücklicherweise gibt es zu der Zeit genügend Nahrungsmittel, die prallvoll mit Säften gefüllt sind; Beeren, Obst und saftige Gemüse. Kühlende und saftige Nahrungsmittel schützen vor Hitze (Yang) und bewahren die Körperflüssigkeiten (Yin) vor Verlusten.

Im Winter, wenn es sehr kalt ist, kann es schnell zu inneren Kälteproblemen kommen. Dies äussert sich im Verlust von Körperwärme und in einer Empfindlichkeit gegen äussere Kälte. Auch hier hat uns die Natur nicht im Stich gelassen. Sie versorgt uns mit genügend Wärmendem und vor Kälte Schützendem. Dies finden wir vor allem in den Wintergemüsen.

Indem sich die Sonne in den zwölf Monaten des Jahres von Norden nach Süden und wieder nach Norden bewegt, werden die Jahreszeiten geboren und mit ihnen die himmlischen Energien, die Klimate. Teil dieses kosmischen Rhythmus ist auch die Bildung der Wirkkräfte in den Pflanzen.

Die Natur schafft ein natürliches Yinisieren und Yangisieren in der Pflanzenwelt. Wir wählen die der Jahreszeit entsprechenden Nahrungsmittel, und mit der Zubereitung können wir das Gericht noch zusätzlich yinisieren oder yangisieren, um es zu der Speise zu machen, die den Ausgleich zum Klima schafft.

Die makrokosmischen Gegebenheiten verändern auch die mikrokosmischen (Körper-)Bedingungen. Die Yin-Krankheiten nehmen im Winter zu, weil von Natur aus wenig Yang da ist, und alle Yang-Krankheiten nehmen im Sommer zu, weil dann von Natur aus wenig Yin da ist. Deshalb bewahre der Kluge sein Yang (Wärme und Energie) im Winter und schütze sein Yin (Substanzen und Körperflüssigkeiten) vor Kälte. Im Sommer bewahre er sein Yin und schütze sein Yang vor Hitze. Um dies zu erreichen, bereiten wir die Gerichte entsprechend zu.

- Wir wählen Gemüse, Obst, Kräuter und Getreide entsprechend der Jahreszeit
- Kochen nach Saison d.h. yinisierend im Sommer und Frühling, yangisierend im Winter und Herbst
- Das Prinzip heisst immer: Harmonisieren. Selbst im Sommer, wenn es sehr heiss und trocken ist, darf man nicht dem Fehler verfallen, nur noch Kaltes und Rohes zu essen, sonst besteht die Gefahr einer zu starken Abkühlung, oder im Winter nur noch heiss und scharf zu essen, sonst entsteht zu viel innere Hitze.

  Deshalb bewahre der Kluge sein Yin im Sommer – dies bedeutet yinisierende Kochmethoden (Kochen mit Wasser) – und schütze sein Yang vor Hitze – dies bedeutet kühlende Zutaten wie Zitronen, Tomaten, kühlende Kräuter wie Pfefferminze, kühlende Gewürze wie Salz, kühlende Getreide wie Gerste, Weizen und Reis, kühlende, kaltgepresste Samen- und Kernenöle oder die Omega-3-Fette in den Kaltwasserfischen.

  Deshalb bewahre der Kluge sein Yang im Winter – dies bedeutet yangisierende Kochmethoden (Kochen mit Feuer) – und schütze sein Yin vor Kälte durch wärmende Zutaten wie Nelken, Zimt, Pfeffer, wärmende Getreide wie Dinkel, Hafer, Buchweizen, wärmende Nussöle und tierische Fette (Butter, Schmalz).
- bei Kälte-Konstitution tendenziell immer erwärmende Ernährung, bis Ausgleich geschaffen ist, auch in den warmen Jahreszeiten
- bei Hitze-Konstitution tendenziell immer kühlende Ernährung, bis Ausgleich geschaffen ist, auch in den kühleren Jahreszeiten
- Ausgleich heisst das oberste Ernährungsprinzip, damit man gesund durch das Jahr kommt.

Wir sind die Natur – und die Natur ist in uns. Weil die Sonne sich über die zwölf Monate des Jahres von Norden nach Süden und wieder nach Norden bewegt, werden die Tage im Sommer länger und im Winter wieder kürzer. Mit abnehmender «Mond-» = Wasserqualität und zunehmender «Sonnen-» = Feuerqualität im Frühling und im Sommer verändern sich die Elemente. Alles wird bewegter, lichtvoller und wärmer. Mit abnehmender Feuerqualität im Herbst und Winter und dafür zunehmender Wasserqualität wird alles wieder ruhiger, dunkler, kühler.

Sonne und Mond sind die makrokosmischen Feuer- und Wasserqualitäten und stellen wiederum das dynamische Zusammenspiel von Yin und Yang dar. Wir «spielen» mit ihnen, indem wir ihr Prinzip auf unsere Ernährung übertragen.

Die sich im Jahreslauf verändernden Sternkonstellationen am Himmel verändern aussen und innen. Mit den makrokosmischen Eigenschaften verändern sich auch die Bedingungen im menschlichen Körper. Die TCM spricht von den typischen saisonalen Pulsen. So verändert zum Beispiel die Frühlingssternkonstellation das Holzelement. Die Säfte steigen in den Bäumen und Pflanzen, dadurch werden sie aktiviert. Während den 72 Tagen des Frühlings bekommt der Puls eine «Leberqualität». Nicht nur der Leberpuls, alle Pulse werden frühlingshaft gespannt. Und so bringt jede Jahreszeit ihre typischen Konstellationen hervor, die in der Natur wie im menschlichen Körper die für die Jahreszeit typischen Veränderungen bewirken.

Dasselbe geschieht mit den Farben. Farben sind feinstoffliche Schwingungen. Es gibt typische saisonale Farben, wie das Grün des Frühlings und das leuchtende Gelb-Orange-Rot des Sommers. Der Herbst lässt die Farben wieder verblassen, und der Winter zieht die Farben in sich hinein (schwarz).

Jeder Jahreszeit und jedem Element und damit auch den Organen und deren Funktionen wird eine Farbe zugeordnet, die auch einen Bezug zur Geschmacksrichtung aufweist. Grüne Nahrungsmittel enthalten viele organische Säuren. Der saure Geschmack regt die «Frühlingsorgane» Leber und Gallenblase kurzfristig an. Zu viel oder über zu lange Zeit genossen, hemmt der saure Geschmack die Funktionen der Frühlingsorgane. Die Folge: Wenn die Frühlingsorgane im Frühling nicht erwachen (Frühjahrsmüdigkeit), kann der Grund darin liegen, dass die Leberaktivität, die von ihrem Winterschlaf aufsteigen möchte, gehemmt wird. Schuld daran ist oft eine Ernährung mit zu kalten, rohen und zu säurehaltigen Lebensmitteln (Südfrüchte).

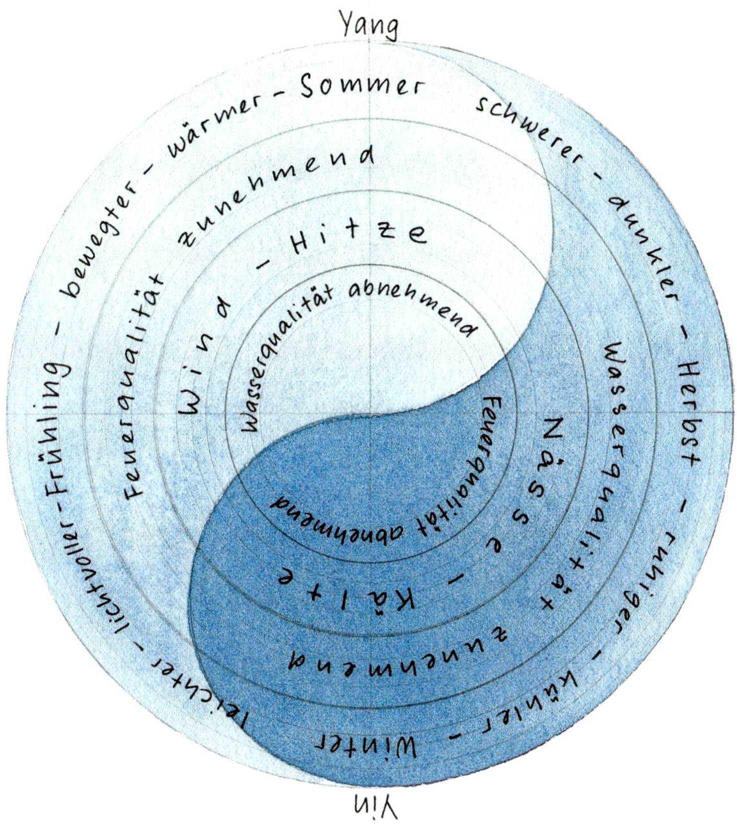

Fassen wir die Analogien zu den Elementen zusammen:

Element Holz

Himmelsrichtung	Osten
klimatische Bedingung	Wind
Jahreszeit	Frühling
Organe	Leber, Gallenblase
Farbe	grün
Geschmack	sauer
Emotion	Aggression, Wut

Ostwinde können die Leber angreifen (Migräne, Unruhe, Aggressionen). Das Element Holz erinnert uns ans Sichaufbäumen oder ans Bäumeausreissen. Die Gesichtfarbe bekommt bei einem Leberungleichgewicht manchmal eine grünliche Farbe. Auch Ausscheidungen mit grünlicher Farbe weisen auf einen Zusammenhang mit der Leber hin. Der saure Geschmack kann in kleinen Mengen die Leber harmonisieren. Zu viel Nahrungsmittel mit saurem Geschmack können hingegen dazu führen, dass die Leber «eingeschnürt» wird. Dann wird nicht nur die Leber «sauer», der ganze Mensch wird «sauer».

Element Feuer

Himmelsrichtung	Süden
Jahreszeit	Sommer
klimatische Bedingung	Hitze
Organe	Herz, Dünndarm
Farbe	rot
Geschmack	bitter
Emotion	Freude

Feuer erinnert uns an die Glut und die flirrende Hitze im Sommer. Sommerhitze oder auch Südwinde (Föhn) können das Herz angreifen, ein Ungleichgewicht im Funktionskreislauf Herz kann sich durch Sommerhitze oder extreme Südwinde verschlimmern. Hitze und Feuer äussern sich in der Farbe Rot: Gerötete Augen, gerötete Hautstellen zeigen eine innere Hitze an. Auch wenn man sich von der Sommersonnenhitze verbrennen lässt, wird die Haut brennend rot (äusserer Angriff). Der bittere Geschmack regt das Herz kurzfristig an, z.B. Grüntee, aber zu viel Nahrungsmittel oder Getränke von bitterem Geschmack verbittern den ganzen Menschen, weil das Bittere austrocknet und verhärtet. Die dem Feuerelement zugeordnete positive Emotion ist die Lebensfreude, die, falsch verstanden, in reine Vergnügungsfreuden und Begierde abrutschen kann.

Element Metall

Himmelsrichtung	Westen
Jahreszeit	Herbst
klimatische Bedingung	Trockenheit
Organe	Lungen, Dickdarm
Farbe	weiss
Geschmack	scharf
Emotion	Traurigkeit

Das Metall ist, symbolisch gesprochen, das Element, mit dem man schneiden kann. Das Messer, die Axt, die Schere sind Schneidwerkzeuge; sie stehen symbolisch für das Abtrennen und Loslassen. Der Herbst ist die Zeit, das Bunte und Schöne des Sommers loszulassen. Im Westen geht die Sonne unter – es wird Abend. Am Abend wie im Herbst verblassen die Farben. Die Farbe Weiss ist die Farbe der Auflösung. Ein Ungleichgewicht im Organfunktionskreislauf Lunge kann sich in einer weisslichen Gesichtsfarbe manifestieren (blass). Blässe zeigt einen Mangel an Qi und an Blut. Der häufig scharfe Geschmack der weisslichen Nahrungsmittel (Knoblauch, Zwiebeln, Ingwer, Weisskohl) hilft, auch auf der Körperebene loszulassen (Stuhlgang). Die weisslichen Blüten der Liliengewächse helfen, auf der emotionalen Ebene loszulassen (Tränen reinigen die Seele). Und die weisse Farbe (Licht) hilft, auch dunkle Gedanken loszulassen (befreit). Mässig Scharfes tonisiert die Lungen, z.B. Ingwertee oder ein Kohlwickel bei verschleimten Bronchien. Zu viele Nahrungsmittel von scharfem Geschmack können jedoch zu Qi- und Blutmangel führen (Blässe), weil der scharfe Geschmack die Poren öffnet und die Säfte hinaustreibt (Schwitzen erschöpft das Blut). Deshalb sollte man bei Schwäche in den Lungen den scharfen Geschmack und bei Trockenheit in den Lungen den bitteren Geschmack meiden.

Element Wasser

Himmelsrichtung	Norden
Jahreszeit	Winter
klimatische Bedingung	Kälte
Organe	Nieren, Blase
Farbe	schwarz
Geschmack	salzig
Emotion	Angst, Furcht

Das Element Wasser, welches alles Fliessende symbolisiert und den ewigen Fluss von Werden und Vergehen anspricht, kommt im Winter zu einem vermeintlichen Stillstand. Eiskalt und totenstarr präsentiert sich die Natur. Dies kann Angst auslösen, und Angst hemmt alles, was Fliessen möchte. Winter, Kälte und die Farbe Schwarz (Dunkelheit) kennzeichnen nun nicht nur die Natur, sondern können auch den Menschen beherrschen (vor lauter Angst zittern). Die schwärzliche Farbe im Gesicht, oftmals um die Augen, zeigt eine Leere im Wasserelement – ein Zeichen grosser Erschöpfung. Oftmals sind es auch tiefgreifende Emotionen, welche die Essenz der Nieren angreifen. Der (mässig) salzige Geschmack kann die Nieren anregen, sich von unreinem Wasser (Schlacken) zu befreien. Zu viel Nahrungsmittel mit salzigem Geschmack können jedoch das Blut eindicken; es wird dunkel-schwärzlich, ein Zeichen dafür, dass es nicht mehr richtig fliesst (Stagnation).

Die vier Jahreszeiten beschreiben die grundlegende Änderung und Wandlung der energetischen Kräfte, die sich durch die Planetenbewegung (Makrokosmos) ergeben. Die Jahreszeiten werden «geboren» und mit ihnen die typischen Klimate. Die saisonale Veränderung bedeutet auch für den Menschen Veränderung. So zum Beispiel schlägt im Frühling der Herzpuls in einem «frühlingshaften» Rhythmus, als wäre er gespannt auf das Neue, das da kommt. Unruhe und Neugier begleiten diese Zeit. Naturverbundenheit ist eine durch alles hindurch erlebbare Verbundenheit, die sich jedoch mit der (Lebens-)Zeit verändert.

DIE ZWISCHENJAHRESZEIT

Ergänzt und harmonisiert werden die vier Jahreszeiten in der chinesischen Auffassung durch eine fünfte Jahreszeit, die im Kreislauf des Hervorbringens dem Spätsommer, dem Element Erde und der klimatischen Bedingung Feuchtigkeit zugeordnet ist. Diese Zeit zwischen den Zeiten, eine Übergangsperiode (sie ist keine eigentliche Jahreszeit), wird Dojo genannt. Sie dauert nach chinesischem Zeitkalender 18 Tage. Dadurch werden die während 72 Tagen herrschenden jahreszeitlichen Faktoren durch das Erdelement zwischen den Jahreszeiten harmonisiert. Die Zeitrechnung ist die Folgende:

72 Tage Holz	+ 18 Tage Erde	=	90 Tage Frühling
72 Tage Feuer	+ 18 Tage Erde	=	90 Tage Sommer
72 Tage Metall	+ 18 Tage Erde	=	90 Tage Herbst
72 Tage Wasser	+ 18 Tage Erde	=	90 Tage Winter

Somit kennt auch der Makrokosmos einen Harmonisierungsprozess, der vom Element Erde erfüllt wird. Der Sinn dieser Harmonisierung ist wie immer das Ausgleichen.

Nun haben wir drei Darstellungen des Elements Erde kennen gelernt. Alle drei zeigen die grosse Bedeutung der Erde: In der ersten Darstellung ist die Erde das Element zwischen Feuer und Metall. Im Kreislauf der Wandlungsphasen ist sie die «Mutter» des Metalls, womit ihre nährende Funktion angesprochen ist. Im Kreislauf der Regulation durch Kontrolle kontrolliert die Erde das Wasser und wird selbst vom Holz kontrolliert. Damit ist ihre Existenz im Netzwerk der Elemente angesprochen. Mit der Position der Erde in der Mitte des gesamten Zyklus ist ihre aussergewöhnliche Bereitschaft, alles aufzunehmen und zugleich alles wieder weiterzugeben, angesprochen. Nun finden wir die Erde nochmals, kalendarisch jeweils 18 Tage zwischen den Jahreszeiten. Es muss immer genügend Erde vorhanden sein, damit sich überhaupt eine Wandlung vollziehen kann.

Die Mutter Erde (Terrain) sorgt während des ganzen Lebens für unsere Ernährung. Alles, was wir essen, kommt aus der Erde, sie hat es gewandelt in essbare Form. Und über die tägliche Ernährung bringen die Erdorgane das hervor, was wir sind, Fleisch und Blut.

Im menschlichen Körper steht die Milz in Verbindung mit dem Erdelement. Sie symbolisiert das Prinzip des Mittelpunktes. Aus dieser Mitte heraus geschehen alle anderen Wandlungen. Die Milz fördert das Wachstum aller Organfunktionen im Ablauf der vier Jahreszeiten und der 24 Stunden eines Tages. Dabei geht ihre Verantwortung weit über die stoffliche Nahrungsaufnahme hinaus.

Das Erdelement im Menschen bedeutet, in der eigenen Mitte verankert zu sein. Das Insichruhen geschieht aus einem Gefühl des Gleichgewichts und der Harmonie. Der Mensch kommt auf die Welt (Erde), und sie bleibt bis zu seinem Tod Ort seiner Erfahrungen. «Ich bin, der ich bin» ist eine irdische Erfahrung des Da-Seins. Dasein bedeutet auch etwas tun, ist die Aktivität aus der eigenen Mitte heraus. Der Himmel schenkt sie, der Mensch nutzt sie, die (fünf) Fähigkeiten, die Welt zu begreifen, um im Kreislauf des Werdens und Vergehens aus der eigenen Mitte zu reifen, von der Unwissenheit in die Weisheit (bewusstes Sein).

Chinesisch heisst dieses Sein Yi. In der Mitte sein und gemittet sein bedeutet weder an der Vergangenheit zu kleben noch in die Zukunft zu greifen, sondern da sein in der Gegenwart. Es meint die Harmonie mit sich und um sich, geerdet zu sein in der (Um-)Welt.

Dem Spätsommer ist diese Qualität zugeordnet, weil dies die Zeit mit dem typisch feuchtwarmen Klima ist (auch Altweibersommer genannt), die Zeit, in der in der Natur vor allem der Zucker (Trauben, Obst) und die Stärke (Korn) reift. Der süsse Geschmack wird in der TCM-Ernährung wie ein Gewürz verstanden. Und genau so sollte er auch verwendet werden: sparsam, aber eigentlich stetig. Der süsse Geschmack tonisiert Milz und Bauchspeicheldrüse, die das Qi und das Blut bilden. Dies braucht der Mensch tagtäglich. Was er hingegen nicht braucht, ist ein Übermass an denaturierter Süsse (Kuchen, Eiscreme, Schokolade, Torten, Nutella, Colagetränke usw.).

Die Farbe Maisgelb ist typisch für diese Zeit, sie erinnert an alles Sonnengereifte und mit natürlichem Zucker prall Gefüllte. Mais und alle anderen goldgelben Getreide sowie die von süssen Säften strotzenden Früchte des Spätsommers sind die Zuckerbonbons der Natur. Gelb ist die Farbe der Mitte. Alle gelben Früchte, Getreide und Gemüse nähren die Mitte. Auch der Honig ist gelb; er ist in kleinen Dosierungen ein Heilmittel, in grossen Dosierungen ein Genussmittel (stark befeuchtend). Ebenso sind die goldgelben kaltgepressten Öle aus Samen und Kernen in kleinen Dosierungen ein Heilmittel, in grosser Dosierung ein Genussmittel.

Die Farbe Gelb begegnet uns in den Blüten der Sonnenblumen, des Johanniskrauts, der Ringelblumen, und viele andere Blumen tragen die Farbe Gelborange. Flavonoide (lat. flavus = gelb), die natürlichen Pflanzenzuckerverbindungen, die uns aus den leuchtenden Blüten, Früchten und Gemüsen entgegenstrahlen. Flavonoide sind sogenannte sekundäre Pflanzenstoffe, deren Geheimnis noch nicht vollständig erforscht ist. Bekannt ist jedoch, dass die Bioflavonoide das Abwehrsystem gegen Bakterien-, Virus- und Pilzinfektionen schützen, die Blutgefässe stärken und ganz allgemein gesundheitsfördernde Eigenschaften haben. Pflanzen wirken immer in ihrer Ganzheit, und pflanzliche Ernährung dient auch der Ganzheit.

Gelb ist eine durchstrahlende, warme Farbe, die auch am Esstisch die Freude am Essen fördert. Der süsse Geschmack erfreut den Gaumen und regt sinnlich an. Liebe geht durch den Magen, und die gelbe Farbe vibriert in die Sinne hinein und durchstrahlt das menschliche Sein.

Damit in der Erde Pflanzen gedeihen, braucht es Feuchtigkeit. Feuchtigkeit ist weder Nässe noch Trockenheit. Wenn das Klima mild ist, dass heisst weder zu heiss noch zu kalt, behält die Erde ihre natürliche Feuchtigkeit. Wie aussen so innen. In der Ernährung – thermisch neutral (weder zu heiss noch zu kalt) – schafft das innere Klima gesundheitbringende Feuchtigkeit. Die für den Körper harmonisierende Feuchtigkeit finden wir wieder in den von der Erde hervorgebrachten «Früchten» zur Zeit ihrer Reife und Ernte im Spätsommer.

Die 18-tägigen Zwischenjahreszeiten (Dojo) am Übergang von einer Jahreszeit in die andere sind sensible Momente, die oft auch ein Ungleichgewicht zu Tage bringen, das heisst Krankheiten. Es braucht ein natürliches Element, um dies wieder auszugleichen. Krankheiten sind in diesem Sinne der natürliche Ausgleich eines Ungleichgewichts. Je natürlicher die Krankheiten geheilt werden, desto mehr dienen sie der Gesundheit. Die Dojozeiten sind gute Zeiten, um körperliches Ungleichgewicht wieder ins Gleichgewicht zu bringen. In der Ernährung kann dies eine vorübergehende Schonkost bedeuten.

Spätfrühling:	Dojozeit 26. April bis 13. Mai
Spätsommer:	Dojozeit 25. Juli bis 11. August
Spätherbst:	Dojozeit 23. Oktober bis 9. November
Spätwinter:	Dojozeit 21. Januar bis 7. Februar

Die Dojozeiten können, entsprechend den Symptomen, mit Kräutertee- und/oder Getreidekuren von 3, 6, 9, 12 oder den ganzen 18 Tagen genutzt werden, um den Körper wieder in ein harmonisches Gleichgewicht zu bringen.

Fasten bedeutet in der TCM, das Yin-Yang-Gleichgewicht wiederherzustellen. Nichts mehr essen schwächt das Qi der Mitte, das Richtige essen stärkt das Qi der Mitte – und richtig ist immer in Bezug auf den Zustand des Körpers zu sehen, ist also individuell verschieden. Da unsere westlichen Ernährungsgewohnheiten mehrheitlich zu stark feuchtigkeitsbildend sind, hier einige Vorschläge, sie zu eliminieren:

Entfeuchtungstee für kalte Schleimproblematiken:

Kardamomsamen, Fenchelsamen, Kümmel, Süssholz (geröstet)

1 Esslöffel dieser Mischung auf eine grosse Tasse Wasser aufkochen, absieben. Warm langsam trinken (ohne Zucker, weil dieser befeuchtet).

Verzicht auf kalte und feuchtigkeitsbildende Nahrungsmittel: rohe Salate, Südfrüchte, Milchprodukte (Joghurt, Quark usw.), Mineralwasser und alle kalten Getränke, zuckerhaltige Nahrungsmittel aus Weisszucker, Weissmehlprodukte, Kühlschrankernährung

Entfeuchtungstee für heisse Schleimproblematiken:

Pfefferminze, Lavendel, Bitterklee, Brombeerblätter, Eisenkraut (Verveine) als Mischung

Die Kräuter können auch (über Nacht) kalt angesetzt und der Tee so getrunken werden (Zimmertemperatur) oder nur noch kurz vor den Siedepunkt gebracht werden.

Für das Getreidefasten bei Kältekonstitution und/oder kalten Schleimproblematiken:

Wärmende Getreide: Dinkel, Hafer, Buchweizen, Quinoa

Das Getreide (eine Sorte) anrösten, mit heissem Wasser ablöschen, würzen mit Ingwer, Kümmel, Fenchel, Thymian und Rosmarin oder leicht süsslich mit Zimt, Süssholzwurzel, Safran, Kardamom, am Schluss 1 Prise Salz dazugeben (keine fertigen fetthaltigen Gewürzstoffe).

Das Gericht kann mit so viel Wasser verdünnt werden, dass eine Art Suppe entsteht –- je angeschlagener das Verdauungssystem, desto dünner sollte die Suppe sein oder eventuell auch nur den Sud trinken.

Die Suppe kann mit Karotten, Randen (Rote Beete) und Sellerie ergänzt werden, auch frische Küchenkräuter machen das Fastengericht schmackhafter.

Für das Getreidefasten bei Hitzekonstitution und/oder heissen Schleimproblematiken:

Kühlende Getreide: Reis, Weizen, Gerste, Grünkern, Hirse

Eine Getreidesorte (ohne Anrösten!) mit Wasser aufkochen, würzen mit den oben angegebenen schleimlösenden Gewürzen, ergänzen mit leicht kühlenden Gemüse wie Zucchini, Spinat, Mangold.

Wie oben beschrieben, je angeschlagener das Verdauungssystem, desto dünner und flüssiger wird die Getreidesuppe gegessen.

Jede Jahreszeit hat ihre eigene makrokosmische Energie, die sich in den klimatischen Bedingungen äussert. Diese Faktoren sind der Grund, weshalb man seine Lebensgewohnheiten und auch seine Ernährungsgewohnheiten den Jahreszeiten anpassen sollte, damit nicht Ungleichgewicht, das heisst Krankheiten, entstehen.

Darum sagt der Weise:
«Er lebt für den Bauch und nicht für das Auge,
so vermeidet er das Eine und wähle das Andere.»
(Dao de Jing)

Die 18 Tage Erdezeit kann man nutzen, um sich zu «erden», sich zu mitten, mit anderen Worten, seine eigene Mitte zu harmonisieren. Die chinesische Ernährungslehre wie auch ihre Philosophie ist ausgerichtet auf die Mitte (Erde). Unsere hektische Lebensweise verführt das Qi nach aussen und erschöpft es in der körperlichen und seelisch-geistigen Überaktivität. Die östlichen Lehren, ob die indische, tibetische oder chinesische Lehre, kennen neben der Ernährungslehre auch eine Lehre der Lebensweise, welche zum Ziel hat, die eigene Mitte zu suchen und zu finden: Mit Hilfe der Meditation kann man das Qi in der Mitte sammeln und bewahren.

Frühling: 72 Tage Holz mit 18 Tagen Erde (Spätfrühling)
Beginn: zweiter Vollmond im neuen Jahr

Sommer: 72 Tage Feuer mit 18 Tagen Erde (Spätsommer)
Beginn: 90 Tage nach Frühlingsende, ca. Mitte Mai

Herbst: 72 Tage Metall mit 18 Tagen Erde (Spätherbst)
Beginn: 90 Tage nach Sommerende, ca. Mitte August

Winter: 72 Tage Wasser mit 18 Tagen Erde (Spätwinter)
Beginn: 90 Tage nach Herbstende, ca. Mitte November

Die Übergangsperiode zwischen den vier Jahreszeiten von jeweils 18 Tagen wird Zwischenjahreszeit oder «Dojo» genannt. Durch das Element Erde werden diese sensiblen Übergangsphasen von einer Jahreszeit zur anderen harmonisiert. Eine Wandlungsphase (Jahreszeit) muss gewandelt werden in die nächste. Da die Erde das Element ist, um Wandlung überhaupt zu ermöglichen, muss immer ausreichend Erde vorhanden sein. Diese Aufgabe stellt die Erde in die Mitte des gesamten Zyklus, auch des jahreszeitlichen Zyklus. Um die enegetischen Qualitäten aufzunehmen und das Qi in ein anderes umzuwandeln, brauchen wir die äussere Erde und auch die innere Erde (Verdauungsorgane).

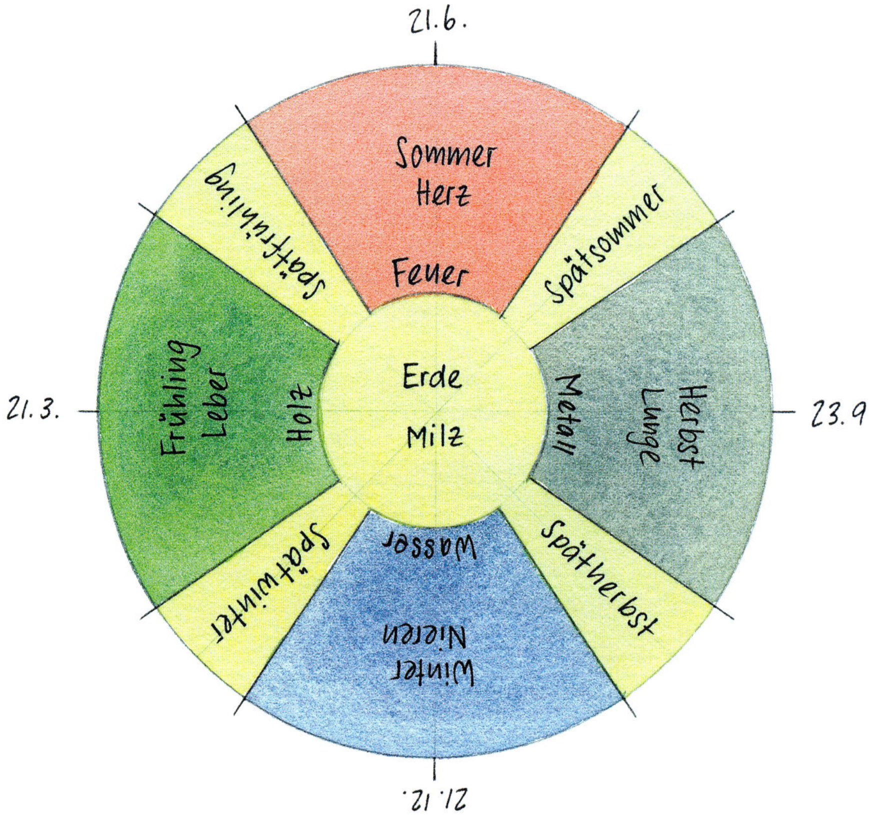

FRÜHLING UND DER EINKLANG MIT DEN «FRÜHLINGSORGANEN»

Frühling – Holz – Wind – Grün – Symbol Bambus

Frühling: neues Wachstum	
Holz: wandelt das Yin des Wasserelements und bringt das Yang nach oben	
Wind: bewegt und ermöglicht Befruchtung (Windbestäubung)	
Grün: die Farbe des Frühlings	
Bambus: immergrün, beweglich-flexibel, stark	
Makrokosmos: fördert Keimbildung und Wachstum der Pflanzen	
Mikrokosmos: Leber, Gallenblase	

Das Yang, das mitten im Winter wiedergeboren wird, beginnt nun zu wachsen. Der Wassertropfen (Yin) bringt den Samen zum Quellen, das Licht und die Wärme des Frühlings bringen die Natur zum Keimen. Die Mond-Wasser-Qualität nimmt ab, und die Sonnen-Feuer-Qualität nimmt zu. Der 21. März, die Tagundnachtgleiche, ist in der TCM die Spitze des Frühlings.

Im Makrokosmos ist das Holz (Bäume) der Säftespeicher der Vegetation. Mikrokosmisch entspricht die Leber dem Wesen des Holzes. Wie die Leber für den Körper hat das Holz in der Natur eine Schutzfunktion, indem es die Säfte speichert und reguliert.

Um im Einklang mit der Jahreszeit Frühling und den Organen Leber und Gallenblase zu leben, muss auf das Flüssigkeitssystem und auf das innere Wärmegeschehen Rücksicht genommen werden. Die Leber ist ein flüssigkeitsbedürftiges Organ, weshalb sie im Kreislauf des Hervorbringens dem Wasserelement folgt und anschliessend die Flüssigkeit (Blut) zum Feuerelement (Herz) transportiert. Es ist die Vorbereitung zum tatsächlichen Wirken des Feuerelements (Herzkreislauf).

Die Fähigkeit der Leber ist das Speichern (der saure Geschmack sammelt), und in der Dynamik des Hervorbringens ist es der süsse Geschmack. Für die richtige Frühlingsernährung (Holz) finden wir die das Blut nährenden Naturstoffe im Blattgrün (Chlorophyll), im jungen, zarten Grün von Sprossen und Keimlingen.

So wie die junge Pflanze oder ein Baum sich im Frühling entfaltet, muss auch jeder Mensch seine inneren Kräfte zur Entfaltung bringen. Wachstum ist ein ständiger Prozess und bedingt auch Flexibilität. Das Unterdrücken der eigenen Dynamik und die Unfähigkeit, Konflikte zu erkennen und nach aussen zu tragen, kann den Energiefluss in den Holzorganen so blockieren, dass diese Hemmung sich entweder in einer Frustration oder in überschiessender Aggression bemerkbar macht.

Im Leberkreislauf sieht die TCM das organisierende Generalorgan, das sich lebenslang mit «Giften» aus der Umwelt und aus dem Stoffwechsel auseinandersetzen muss. Wobei sich dies nicht nur auf die stoffliche Ebene bezieht. Die Wut im Bauch ist das emotionale «Gift», das sich in einem plötzlichen Vulkanausbruch (Feuer) äussern kann. Im aufflammenden Leber-Feuer kann das lange gestaute Leber-Qi nach oben schlagen, bis der Kopf vor lauter Wut rot wird.

Wind, als klimatischer Faktor dem Holzelement zugeordnet, bewegt die Blätter der Bäume, ermöglicht die Befruchtung durch Windbestäubung. Charakteristisch für den Wind ist, dass er weht, wie er will, von windstill bis zu heftigsten Stürmen, in denen er der Erde Bäume entreisst.

Innerer Wind äussert sich ähnlich: von plötzlich auftretenden, unregelmässigen und heftigen Symptomen (Krampfanfälle) bis zu völligem «Entwurzeln» (Ohnmacht). Ein Mangel an Leberblut und eine allgemeine Yin-Leere sind die Ursachen für inneren Wind. Auch wandernde Schmerzen, plötzlich beginnend und plötzlich verschwindend, wie bei Migräneanfällen, sind zurückzuführen auf die Charakteristik von innerem Wind.

Die drei Monate des Frühlings, die Zeit des Neubeginns, sollten dem Menschen neue Lebensenergie bringen und ihn befreien von dem, was ihn während des Winters oder emotional eingeengt hat. Um die Wintermüdigkeit in eine Frühjahrsfrische zu wandeln, bewege man sich viel im «Grünen», in der freien Natur, mit Vorsicht vor dem Wind. Tanzen ist die fröhliche Art und mässiger Sport eine gesunde Art, das Qi der Leber zu befreien und zu bewegen.

WINTER UND DER EINKLANG MIT DEN «WINTERORGANEN»

Winter – Wasser – Kälte – Schwarz – Symbol Wasser

Winter: Ende der Wachstumszeit
Wasser: beschützt das Yang und bewahrt das Yin
Kälte: lässt die Natur erstarren
Schwarz: die Farbe des Geheimnisvollen, Unerklärlichen
Wasser: das Symbol für den ewigen Fluss (Wiedergeburt)
Makrokosmos: Die Natur bewahrt das Leben (Yang) in der Tiefe der Erde (Yin).
Mikrokosmos: Nieren, Blase

Damit das Leben (Yang) wiedergeboren werden kann, hat es die Natur in der Dunkelheit der Erde bewahrt. Kälte und Dunkelheit geben der Natur einen Anschein von Sterben. Mit der längsten Nacht am 21. Dezember erreicht die Natur den Höhepunkt dieser Entwicklung. Kurz darauf wird das Licht (Yang) wiedergeboren. Diese symbolische Wiedergeburt des Lichts wird jedes Jahr an Weihnachten gefeiert. Diese Zeit wird beherrscht durch das Yin (Kälte und Dunkelheit), das Yang (Licht, Wärme) wirkt im Verborgenen.

Die drei Monate des Winters sind die Zeit des Bewahrens. Die Eigenschaft zu bewahren wird dem Element Wasser und die Wasserqualität den Nieren zugeordnet. Die Nieren beherrschen den Wassermetabolismus. Wasser hat die Eigenschaft, Leben zu spenden. Äusseres Wasser bringt das Pflanzenwachstum hervor; das innere Wasser, das Leben spendet, ist das Fruchtwasser. Den Nieren wird auch die Funktion der Unterleibsorgane zugesprochen; sie sind die Spender des neuen Lebens. Die Nieren bewahren das Jing, die Essenz für Wachstum, Entwicklung und Fortpflanzung.

Deshalb bewahre der Kluge sein Yang im Winter, und schütze sein Yin vor Kälte. Da in der Winterzeit in der Natur die Yang-Kraft verschwindend klein ist, bewahren wir unser eigenes Yang mit Kraftsuppen und schützen unsere Nieren zugleich vor Kälte. Um im Winter die Energie der Nieren nicht zu schwächen, sollte man auch nicht zu wenig essen. Samen, Kerne, Hülsenfrüchte und Wurzelgemüse verkörpern das Winterprinzip in der Ernährung. Mit ihrer Form und Gestalt (fest umschlossen), farblich meist dunkelbraun bis schwarz, entsprechen sie genau dieser Zeit (Signatur).

Die Wandlungsphase Wasser zeigt ihre Stärke verdichtet in den Knochen und Zähnen, den yinigsten der Yin-Qualitäten im Körper. Knochen sind kondensierte Mineralstoffe (Kalzium). Fehlt den Nieren die Kraft, der Ernährung die Mineralstoffe, so werden Knochen und Zähne geschwächt. Der Yang-Aspekt der Wandlungsphase Wasser ist das bewegte Wasser. Der Flüssigkeitsstrom (Osmose), welcher die nährenden Substanzen ins Gewebe (Zellen) spült. Fruchtwasser ist die höchste Form der menschlichen Flüssigkeiten, es die Quelle für neues Leben.

Das Wasserelement ist sowohl in der äusseren wie in der inneren Natur die Wurzel des Yin (bewahren) und des Yang (neues Leben hervorbringen). Weil dem so ist, bewahre und schütze man diese Lebenskraft. Chronischer Missbrauch der Lebensressourcen, durch sexuelle Exzesse, durch Drogen und Vergnügungssucht, können die Funktion der Nieren tiefgreifend stören. «Schwarze» Gedanken (Furcht) und Existenzängste verursachen eine Schwächung der Wasserorgane.

Um im Einklang mit der Jahreszeit Winter und den Organen Nieren und Blase zu leben, nehme man sich die Qualität der Zeit als weisen Berater. Damit das Leben wieder geboren werden kann, muss es im tiefsten Innern und in der Dunkelheit bewahrt werden. In der dunkelsten Zeit den Glauben an die Wiedergeburt des Lichts nicht zu verlieren ist eine grosse Lebensweisheit.

Winter-Krankheitsmuster können das Yang angreifen. Wird durch kalte Ernährung das Nieren-Yang geschwächt, äussert sich dies in einer Empfindlichkeit gegen die in der äusseren Natur herrschende Kälte. Es fehlt das innere Feuer, um sich vor Kälteangriffen (Erkältung) zu schützen. Krankheitsmuster, welche das Nieren-Yin angreifen, rühren von einer substanzlosen Ernährung her.

Der Einklang mit den Jahreszeiten (aussen) und der Einklang mit dem Körper (innen) ist die Synthese – wie aussen, so innen, wie oben, so unten. Ganzheitlich ist das Gesamtbild der traditionell chinesischen Medizin, und obwohl die Elemente grundsätzliche Faktoren beinhalten, sind sie doch dauernden Veränderungen unterworfen.

Die wichtigsten Entsprechungen der fünf Elemente und die fünf Umwandlungsstadien von Energie

Element	**Holz**	**Feuer**	**Erde**	**Metall**	**Wasser**
Jahreszeit	Frühling	Sommer	–	Herbst	Winter
klimatische Bedingung	Wind	Hitze	Feuchtigkeit	Trockenheit	Kälte
Energiebewegung	aufsteigend	sehr aktiv	ruhend	absteigend	fliessend
Yin/Yang	kleines Yang	grosses Yang	Yang und Yin	kleines Yin	grosses Yin
Tageszeit	Morgen	Mittag	Nachmittag	Abend	Nacht
Entwicklung	Kindheit	Jugend	Erwachsenenalter	Alter	Greisenalter
Geschmack	sauer	bitter	süss-mild	scharf	salzig
Geruch	ranzig	verbrannt	acetonähnlich	beissend	faulig
Farbe	Grün	Rot	Gelb	Weiss	Schwarz
Zahl	8	7	5	9	6
Planet	Jupiter	Mars/Sonne	Merkur	Venus	Saturn/Mond
Yin-Organ	Leber	Herz	Milz	Lunge	Nieren
Yang-Organ	Gallenblase	Dünndarm	Magen	Dickdarm	Blase
Sinnesorgan	Augen	Zunge	Mund	Nase	Ohren
Körperteil	Sehnen	Blutgefässe	Bindegewebe	Haut	Knochen
Körperende	Nägel	Gesichtsfarbe	Lippen	Körperhaare	Kopfhaare
Körperflüssigkeit	Tränen	Schweiss	Speichel	Schleim	Lymphe
Emotion negativ	Zorn	Begierde	Sorgen	Traurigkeit	Angst
Emotion positiv	Toleranz	Freude	Sympathie	Offenheit	Mut
Reaktionen	schreien	lachen	singen	seufzen	stöhnen
Gemüse	grüne	rote	gelb-orange	weissliche	dunkle
Getreide	Weizen	Roggen	Mais, Hirse	Hafer, Reis	Hülsenfrüchte
Früchte	säuerliche		süsse		
Fleisch	Gefügel	Lamm, Ziege	Rind	Wild	Fisch
Genussmittel	Apfelwein	Rotwein, Bier	Süssgetränke	Schnaps	

DIE ORGANUHR

Alles hat seine Zeit. Auch der Körper nimmt sich und braucht seine Zeit, um in seinem eigenen Rhythmus zeitlich zu erledigen, was organisch zu tun ist. Die 24 Stunden eines Tages werden in der chinesischen Zeitrechnung in 12 Doppelstunden eingeteilt. Der innere biologische Rhythmus folgt den Yin- und Yang-Gesetzmässigkeiten – zu veranschaulichen durch das Bild von Ebbe und Flut.

Zeit ist nicht etwas gleichförmig Dahinfliessendes, sie hat ihre Qualität. Das Wechselspiel von Yin und Yang erleben wir in den vier Tageszeiten als dynamische Momente im Tagesanbruch, im Mittag, im Sonnenuntergang und in der Mitternacht.

Die Organe gehen «mit der Zeit», recht(s)herum, wenn die Ernährungsgewohnheiten und Lebensweise der inneren Uhr angepasst sind, oder gegen sie, wenn durch Ernährung und Lebensweise die Uhr linksherum läuft.

Die Funktion der Hohlorgane (Yang) und der Speicherorgane (Yin) folgt der Gesetzmässigkeit von Yin und Yang. Jede Doppelstunde ist einem Funktionsbereich (Organ) zugeordnet. Zur besagten Zeit ist eine erhöhte Dynamik innerhalb des betreffenden Organs zu verspüren.

Das Wechselspiel von Yin und Yang folgt dem Gesetz des Himmels. Der Tag ist die Yang-Zeit, und die Nacht ist die Yin-Zeit. So dient uns der Tag zur Aktivität und die Nacht zur Erholung. Bleierne Müdigkeit während des Tages und Schlaflosigkeit in der Nacht ist ein Zustand, der der inneren Uhr zuwiderläuft.

Ausser der Maximalzeit der Organe gibt es, genau um 12 Stunden verschoben, auch die Minimalzeit der Organe. So ist die maximale Zeit des Dünndarms zwischen 13.00 und 15.00 Uhr. Verdauungsbeschwerden nach dem Mittagessen deuten auf eine Schwäche des Dünndarms hin. Dieser Zeit gegenüber liegt die Leberzeit zwischen 01.00 und 03.00 Uhr. Kommt es neben Verdauungsbeschwerden zu einem akuten Schlafbedürfnis nach der Mahlzeit, so ist dies ein Zeichen dafür, dass die Leber an dieser energetischen Störung mitbeteiligt ist. Bei einer chronischen Dünndarmfunktionsstörung mit ungenügender Verdauungsleistung, meist auf mangelnde Fermentbildung (Enzyme) zurückzuführen, und gleichzeitiger chronischer Belastung der Leber findet man in der nächtlichen Leberzeit keine Ruhe (Schlaflosigkeit).

Wenn Ihnen dies geschieht, schauen Sie auf die Uhr und wenden Sie sich dem der entsprechenden Zeit zugeordneten Organ zu. Nehmen Sie sich Zeit, dem verlorenen gegangenen Qi (Energielosigkeit) nachzuspüren. Und verwenden Sie die schlaflose Zeit dafür, in guten Büchern nachzulesen, was Sie für das Organ, das nicht zur Ruhe kommen will, tun könnten. Oder nutzen Sie die Organuhr, um dem psychischen Korrelat (Selbsterkennung) auf die Spur zu kommen. Vielleicht hilft die Farbe weiter, die dem «schmerzenden» Element zugeordnet ist; lassen Sie wieder mehr Farbe in Ihre Seele hineinstrahlen. Oder spüren Sie innere Kälte, Hitze, Trockenheit, Wind (Unruhe) oder übermässige Feuchtigkeit (Schleim). Durch eine Veränderung der Ernährung lassen sich solche Probleme bald lösen.

Die chinesische Organuhr enthält so viele wertvolle Informationen, dass man sie am besten am Handgelenk tragen sollte, statt der normalen Uhr, die uns sowieso nur anzeigt, was wir nicht mehr haben – Zeit.

03.00–05.00 – Im Funktionskreislauf Lunge beginnt der eigentliche Kreislauf des Qi. Die Lungen sind das Organ, das uns mit dem Leben verbindet, in der TCM das «reine Qi des Himmels» genannt. Dies ist eine kritische Zeit für Menschen mit Atemwegsproblemen und Lungenleiden. Gegen Morgen verengen sich die Atemwege ein wenig, es ist, wie wenn sie sich nochmals sammeln wollten für den erwachenden Tag. Das Wei-Qi ist die Schutzenergie (Abwehrenergie), die tagsüber unter der Körperoberfläche (Haut) zirkuliert und in der Nacht in die Tiefe sinkt. Sie ist ganz nach aussen gerichtet und ganz nach innen gehend, wenn wir die Atmung nicht nur als Äusseres begreifen, sondern wissen, das jede Zelle atmet. Eine Fülle dieses Qi zeigt sich in Schlaflosigkeit in diesen Stunden oder in einem enormen Schlafbedürfnis (gähnende Leere) in der gegenüberliegenden Zeit.

05.00–07.00 – die Zeit des Dickdarms. Morgendlicher Stuhlgang ist die Befreiung und Reinigung des Darms, um auch im übertragenen Sinn den Tag mit reinen und befreiten Gedanken zu beginnen. Die Dickdarmzeit ist der Gegenpol zur Zeit der Nieren (gegenüberliegend). Eine Energieleere

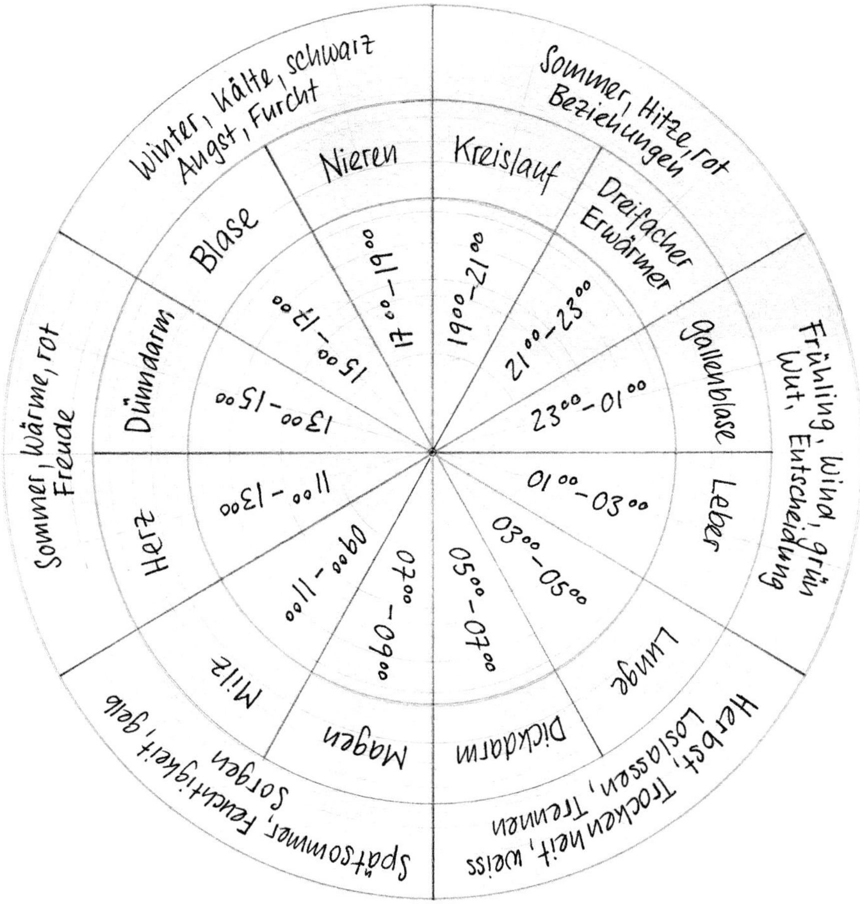

der Nieren führt oft zu frühmorgendlichen Durchfällen. Im umgekehrten Fall hilft ein grosses Glas warmes, gekochtes Wasser dem verstopften Darm, sich zu entleeren und zu reinigen. Trinken Sie kein «rohes» Wasser, sondern zirka 10 Minuten gekochtes Wasser (Ayurveda-Rezept).

Dickdarm und Lunge sind die Metall-Partner. Ihnen zugeordnet ist die Trockenheit des Herbstes, die Farbe Weiss (verblassen) und der immerwährende Prozess des sich Trennens und der Bereitschaft, Altes loszulassen und Neues aufzunehmen. Ob Lungen oder Darm, beide «trennen» (scheiden aus), um Neues aufzunehmen.

07.00–09.00 ist die Zeit für den Magen: das Frühstück, das «kaiserlich» sein darf, wird jetzt zur «königlichen» Kraftreserve für den Tag. Der morgendliche Aktivitätsschub für das erwachende Yang erhöht die Körperwärme und den Blutdruck. Der Magen ist jetzt in bester Verfassung, die Nahrung aufzunehmen, ausser wenn der Magen leer ist an Energie – dann verspürt er selbst zu dieser Zeit keinen Appetit. Vielleicht ist er noch beladen mit einem üppigen Abendessen, oder Sorgen lasten schwer auf ihm.

09.00–11.00 – die Zeit der Milz und der Bauchspeicheldrüse (Pankreas). Der Vormittag ist die beste Zeit für Kopfarbeit. Milz und Bauchspeicheldrüse sind verantwortlich für das «Denken». Unser Gehirn ernährt sich von Zucker (Glykose), der süsse Geschmack ist der Milz zugeordnet. Wachheit im «Geist» und analytisches Denkvermögen werden von der

Milz gesteuert. Sie ist das Speicherogan für das Kurzzeitgedächnis (die Blase für das Langzeitgedächnis). Ein die Denkfähigkeit förderndes Frühstück ist warm und mildsüss. Das heisst: Getreide, gekocht oder geröstet, mit wärmenden Gewürzen abgeschmeckt, mit Kompotten oder thermisch neutralem Obst ergänzt. Milchprodukte sind die Eiweissquellen, aber nicht kalt aus dem Kühlschrank und nicht mit zu viel Süssstoffen «gewürzt». Ein wärmender Tee oder Getreidekaffee ist die Warmwasserquelle.

Die Bauchspeicheldrüse oder der Pankreas ist der «Pan-Creator» und wird auch als das «Hirn des Bauches» bezeichnet. Das verbreitetste Element der Erde ist die Kieselsäure (Silizium). Die Bauchspeicheldrüse ist das siliziumreichste Organ, und Silizium ist das wichtigste Element für das Bindegewebe. Deshalb wird eine Schwäche des Bindegewebes in Zusammenhang mit dem Erdelement allem voran dem Pankreas zugeordnet. Welche ausserordentliche Bedeutung das Bindegewebe (Terrain) im Säure-Basen-Gleichgewicht hat, ist inzwischen kein Geheimnis mehr.

Magen und Milz sind die Erd-Partner. Ihre Aufgabe ist, «Erde», das heisst Nahrung aufzunehmen, umzuwandeln in Qi und Blut, um das «Fleisch» (Bindegewebe) richtig zu nähren. Alles, was uns nährt, nicht nur körperlich, auch sinnlich und gefühlsmässig, ist hiermit gemeint. Verdauen von Lebenserfahrungen, die letztlich übergehen in unser eigenes Fleisch und Blut.

11.00–13.00 ist die Herzzeit. Das Herz ist das «Kaiserorgan» der Freude, so wie die Sonne das Zentrum des Universums ist. Deshalb finden wir die Herzzeit zu der Zeit, in der die Sonne ihren Höchststand erreicht (Mittag). Das Feuer bringt die Wärme, und diese Wärme bringt uns während des ganzen Lebens immer wieder die Grundlage für alles Bewegende. Ob wir von der Blutbewegung (Kreislauf), von den emotionalen Erfahrungen des Herzens, die uns bewegen, oder auch vom geistigen Funken der Begeisterung sprechen, alles hat mit Freude oder Freudlosigkeit zu tun. Der Mund und das Sprechen sind die «Knospe» des Herzens, Reden somit der Ausdruck des Herzens; sinnloses oder sinnvolles Sprechen sind die «geistigen» Fähigkeiten, die man dem Herzen zuspricht.

13.00–15.00 – die Dünndarmzeit. Der Dünndarm hat die Aufgabe zu trennen zwischen Rein und Unrein, zwischen Klar und Unklar. Der Dünndarm ist der Yang-Partner des Herzens. Er entscheidet, was wir unserem Herzen zumuten wollen. In seiner verdauenden Funktion kommt ihm die Aufgabe zu, die über die Fermentationsprozesse gewonnenen reinen Essenzen (Nährstoffe) zu resorbieren und die unreinen Essenzen (Ballaststoffe) auszuscheiden. Die «feurigen» Verdauungssäfte sind das Feuer-Yang des Dünndarms.

Die Feuer-Partner sind Herz und Dünndarm. Feuer bringt Wärme, und Wärme bringt Bewegung. Erlischt das Feuer der Verdauung, so verarmt das Herz an Blut. Ein blutleeres Herz ist ein freudloses Herz.

15.00–17.00 – die Blasenzeit. Die Blase hat die längste Energieleitbahn. Der Blasenmeridian verläuft über die Mitte des Schädels, zweimal entlang des Rückens zu den Füssen. Das Langzeitgedächtnis gehört in diesen Funktionskreislauf. Wenn geistiger Stoff in der Tiefe verankert werden soll, ist dies eine gute Zeit zu lernen. Doch dazu braucht es innere Sammlung. Hat man Mühe damit, dann könnte es auch am gegenüberliegenden Organ liegen. Das Lungen-Qi wirft seine Schatten; die Folge: anstatt sich gesammelt einem Stoff zuwenden zu können, der im Langzeitgedächtnis gespeichert werden soll, herrscht «gähnende Leere». Übrigens: die Blase gehört zum Wasserelement. Trinken Sie viel Wasser zum Lernen. Wasser ist der Informationsträger. Wasser vermag Energien zu verdichten, und diese Eigenschaft des Wassers kann man sich durch Trinken von reinem Wasser zu eigen machen.

17.00–19.00 Dies ist die Zeit des Yin-Partners der Blase. Die Nieren, sie werden Keim der Schöpfung, Wurzel des Lebens, genannt. Die Nieren sind das Tor aller Yin- und Yang-Funktionen. Die Aufgabe der Nieren ist, das Yang, das sich nun im abnehmenden Tag (Abend) allmählich absenkt, zu verinnerlichen. Feier-Abend, wie das Wort so schön sagt, soll bedeuten, den Tag feierlich zu beenden. Das Abendessen sollte in feierlich-ruhiger Atmosphäre stattfinden, leicht verdaulich sein und den Schlaf nicht beeinträchtigen, und es sollte spätestens zu dieser Zeit eingenommen werden. Allmählich wird das Yin aufsteigen (Nacht und Mond). Die

Körpertemperatur sinkt allmählich, der Blutdruck ebenso, und all dies fordert auf, ruhiger zu werden.

Blase und Nieren sind die Wasser-Partner. Wasser vermag die Energien so zu verdichten, dass sie körperliche Gestalt annehmen (Knochen). Wasser schwingt auf derselben Frequenz wie Kälte, Dunkelheit und Angst. Energetische Störungen der Wasserorgane zeigen sich in «schwarzen» Gedanken (Furcht und Depressionen).

19.00–21.00 Der Meister des Herzens ist der Beschützer des Herzens. Es ist kein eigentliches Organ, sondern das sogenannte ministerielle Feuer. Als Minister beschützt es den Kaiser (Herz). In der Literatur wird dem Meister des Herzens zum Teil auch die Funktion der Sexualität zugesprochen – bestimmt eine Zeit, in der am meisten geliebt wird. Liebe, Sexualität und das Herz gehören zur zwischenmenschlichen Beziehung und sind beste Gewähr, glücklich zu leben.

Der Magen hat zu dieser Zeit sein Energietief, und alles, was wir uns jetzt noch einverleiben, führt zu schlechtem Schlaf und belastet das Herz. Liebe geht durch den Magen ... sie führt zu gutem Schlaf und entlastet das Herz.

21.00–23.00 Der dreifache Erwärmer in seiner durchwärmenden Funktion (Feuer-Yang) verbindet die drei Schätze des Lebens: Qi, Essenz und Shen. Körper, Seele und Geist lassen sich voneinander nicht trennen. Der dreifache Erwärmer steht für die Durchmischung und Verschmelzung der drei Lebensschätze. Körper – Essenzen, Seele – Qi, Geist – Shen.

Der Meister des Herzens und der dreifache Erwärmer, dieser zweite Feueraspekt, haben viel mit den seelisch-geistigen Welten zu tun, der Bereitschaft, auf höherer menschlicher Ebene das durchwärmende Feuer zu erleben. Liebe ist die höchste Form der menschlichen Beziehungen.

23.00–01.00 – die Gallenblase. Das Maximum der Speicherung von Gallenflüssigkeit liegt in der Nacht, die maximale Zeit der Galleausschüttung gegenüber in der Mittagszeit. Dies bedeutet eine gute Zeit für die Fettverdauung. So darf das Mittagessen etwas fettreicher sein. Abendliches fettreiches Essen belastet jedoch nicht nur die Galle (und die Leber), auch das Herz kann gleichsam von dieser Überfülle geschwächt werden. Dieser enge Bezug zwischen Gallenblase (Fettstoffwechsel) und Herz ist auf rein funktioneller Ebene bekannt: Cholesterin (Fett) ist ein Risikofaktor, der das Herz bedrohen kann.

01.00–03.00 – Die Leber unterliegt demselben biologischen Rhythmus. In der Nacht speichert die Leber (Yin-Organ) den Zucker, um ihn im Laufe des Morgens ins Blut abzugeben. Der Blutzucker aktiviert am Tag und beruhigt in der Nacht. Dies bedeutet jedoch nicht, dass, wer viel Zucker isst, besser schlafen kann. Ist die Leber emotional belastet durch Wut und Ärger und wird diese Spannung mit in den Schlaf genommen, wandert man oft schlaflos durch die Nacht. Zucker beruhigt und entspannt – 1 Teelöffel Honig kann der Leber vorübergehend Entspannung bringen, jedoch nicht den Ärger auflösen. Ist ein Organ durch übermässige Emotionen belastet, dann kommt es zu energetischen Störungen, in anderen Worten zu Blockierungen im Qi-Fluss. Dies kann sowohl Mangel an Energie wie auch überschiessende Reaktionen des Qi bedeuten.

Gallenblase und Leber, die beiden Holz-Partner, entsprechen in ihrer Wandlungsphase Holz dem «Aufbäumen», das sich bis in die Muskeln als übermässige Anspannung äussern kann. Durch Entspannen kommt man zur Ruhe. Schlaflosigkeit und vor allem Einschlafschwierigkeiten sind oft von inneren Spannungen begleitet. Die Organuhr weist den Holzorganen das psychische Korrelat der Entscheidungen zu. Eine anstehende Ent-Scheidung oder sich nicht entscheiden können kann schlaflose Nächte bereiten.

Die chinesische Organuhr ist der biologische Rhythmus und die Welle von «Informationen», welche von Organ zu Organ, von Funktion zu Funktion weitergespült wird. Die Flut durchströmt innerhalb der 24 Stunden eines Tages alle Elemente und formt unser Sein. Dieser von der eigentlichen Ernährung unabhängige Rhythmus folgt den Yin-Yang-Gesetzmässigkeiten und der Funktion des Speicherns und des Ausschüttens. Die Qualität der Ernährung ist somit die Qualität dessen, was gespeichert und was ausgeschütttet wird.

Mandala

Die sechs kosmischen Energien in den Wandlungsphasen der fünf Elemente und den sechs Yin- und Yang-Organen im Körper.

Die Aussenbeziehungen (Makrokosmos) und die Innenbeziehungen (Mikrokosmos) im Kreislauf des Werdens als Lebenszyklus und im 24-Stunden-Rhythmus.

KOCHEN IM KREISLAUF DER 5 ELEMENTE

In einem Gericht alle fünf Geschmacksrichtungen mitzukochen ergibt ein harmonisches und geschmacklich abgerundetes Ganzes. Obwohl dies keine streng chinesische Regel ist, macht es Spass, im Kreislauf der Elemente zu kochen.

Im Kreislauf – rechtsdrehend –, auch beim Rühren, bereiten wir das Gericht zu. Nehmen von Mutter Natur, was sie uns gerade schenkt (Saison) und schaffen den Ausgleich durch die yinisierenden und yangisierenden Kochmethoden entsprechend der Jahreszeit.

Dabei kann man bei irgendeinem Element beginnen und eigentlich auch enden. Dadurch, dass alle fünf Geschmacksrichtungen und damit auch alle fünf Elemente enthalten sind, wird das Gericht (kreis-)rund.

Dies braucht zu Beginn etwas Übung. Das Einordnen der Nahrungsmittel und Kräuter nach Geschmack lernen wir am besten, wenn wir es mit der Zunge (Geschmackssinn) schmecken. Andernfalls nehme man die Nahrungsmitteltabellen (Anhang Seite 127ff.) zu Hilfe und hänge sie am besten in der Nähe des Kochherds auf.

Wasser und Feuer sind, wie Kochtopf oder Kochlöffel, die Grundelemente zum Kochen. Sie haben selbst keinen Geschmack, bringen aber die Geschmacksrichtung hervor. Wir kochen sie nicht mit als Elemente (einige andere Autoren tun das). Wir kochen mit ihnen.

Wichtig zu wissen: Wenn man mit dem Erdelement aufhört (dem entspricht zum Beispiel auch die Süssspeise nach dem Hauptgericht), wird der Verdauungsprozess verlangsamt, und damit sind wir wieder beim Thema des Übermasses an Feuchtigkeitsbildung. Obwohl der süsse Geschmack sehr entspannend wirkt, besteht mit ihm immer auch das Problem von übermässiger Feuchtigkeit und Trägheit. Manchmal kann dies erwünscht sein: Wenn man sehr angespannt und sehr unruhig ist, hilft eine Süssspeise, die Sinne wieder zu beruhigen und den Geist zu besänftigen.

Wenn die Mahlzeit schon sehr üppig war, beschliesst man daher das Essen besser mit einem italienischen Espresso als mit Eiscreme, die ausserdem durch ihre eisige Kälte zusätzlich blockiert.

Beispiel eines Kochvorgangs – und zugleich ein erster Rezeptvorschlag:

Zitronenpoulet (Hähnchen)

1 Huhn | Holz
2 Zitronen, in Scheiben geschnitten | Holz
frische Ysopzweige (adstringierend-scharf) | Holz
Bittergewürze wie Thymianzweige, Rosenpaprika und Kurkuma | Feuer
Safran und wenig Zucker | Erde
3 Knoblauchzehen, gepresst | Metall
Salz | Wasser

Marinade:
Saft von 2 Zitronen | Holz
Rosenpaprika und wenig Kurkuma (gibt die schöne Farbe) | Feuer
2 EL Öl | Erde
schwarzer Pfeffer aus der Mühle | Metall
Salz | Wasser

Das Huhn innen und aussen gründlich waschen. Alle Kräuter und Gewürze in der Reihenfolge der 5 Elemente mischen und in die Bauchhöhle des Huhns geben.

Die Marinadenzutaten, ebenfalls den 5 Elementen folgend, mischen und das Huhn damit bepinseln.

Auf hoher Hitze bei 220 Grad im Backofen anbraten und dann bei 150 Grad rund 30–45 Minuten fertig backen (= yangisieren).

Wirkung des Gerichts:

Dieses wohlschmeckende Gericht hilft der Leber bei Energiemangel (Huhn tonisiert die Leber). Die yangisierende Kochmethode hilft bei Kälte und wirkt trockend bei Feuchtigkeitsproblemen.

Fleisch ist ein in der chinesischen Küche häufig verwendetes Nahrungsmittel; ihm wird allgemein ein süsser Geschmack und eine wärmende Thermik zugeordnet. Es ist süss und warm und baut Qi und Blut auf. Fehlt es an Qi (Energie) und fehlt es an Blut, dann wird Fleisch zum sogenannten Kaiser-Nahrungsmittel, um diesen Mangel wieder ins Gleichgewicht zu bringen.

Zusammenfassend:

Yin-Prinzip bei:	Yang-Problemen:
kalt bei	innerem Feuer
kühlend bei	Sommerhitze
erfrischend-saftig bei	Säftemangel

Yang-Prinzip bei:	Yin-Problemen:
heiss bei	innerer Kälte
wärmend bei	Winterkälte
erwärmend-trocknend bei	Feuchtigkeit (Schleim)

Die einführende Darstellung über die chinesische Ernährungslehre gilt es nun in die Praxis umzusetzen. Dazu gehört neben dem Genuss auch noch etwas Abenteuer: Wer wagt es, Feuer zu schlucken, an Metall zu knabbern, Holz zu grillen oder zu kochen und in Erde zu beissen, um schliesslich alles mit frischem Wasser hinunterzuspülen? Nein, ganz so exotisch ist sie nicht, die 5-Elemente-Ernährung, und auch nicht so chinesisch, dass man Messer und Gabel durch chinesische Essstäbchen und Reistasse tauschen müsste. Wir «importieren» nicht eine Esskultur aus China, sondern ihre Ernährungsphilosophie, die sich in jeder Kultur verwirklichen lässt. Auch die Nahrungsmittel sind nicht «chinesisch», wenn auch einige Gewürze aus dem fernen Osten stammen.

Die nun folgenden Rezepte wollen nicht durch Raffinesse oder Aussergewöhnlichkeit brillieren. Sie sind einfach und oft sogar bescheiden. Unsere Verdauungsorgane schätzen das Einfache, und sie sind in ihren Ansprüchen auch recht bescheiden, was die Vielfalt, nicht aber was die Energie (Qi) in den Gerichten betrifft.

Die Rezepte eignen sich für den Alltag, für die Familie und für Gäste.

Diese Einführung hat mit einer Lebensweisheit begonnen und soll deshalb auch mit einer enden. Essen soll Genuss und Freude bereiten. Deshalb nimm dir Zeit dazu. Doch es ist nicht das Essen allein, was uns Freude bereitet. Deshalb nimmt dir auch Zeit für all das, was das Leben sonst noch genussvoll macht.

Nimm Dir Zeit, um zu bewundern,
es ist das Talent zum Genuss.

Nimm Dir Zeit, um nachzudenken,
es ist die Quelle der Kraft.

Nimm Dir Zeit, um zu arbeiten,
es ist der Preis des Erfolges.

Nimm Dir Zeit, um zu lesen,
es ist die Grundlage des Wissens.

Nimm Dir Zeit, um freundlich zu sein,
es ist das Tor zum Glücklichsein.

Nimm Dir Zeit, um zu träumen,
es ist der Weg zu den Sternen.

Nimm Dir Zeit, um zu lieben,
es ist die wahre Lebensfreude.

Nimm Dir Zeit, um froh zu sein,
es ist die Musik der Seele.

KOCHEN IM KREISLAUF DER 5 ELEMENTE

In einem Gericht alle fünf Geschmacksrichtungen mitzukochen ergibt ein harmonisches und geschmacklich abgerundetes Ganzes. Obwohl dies keine streng chinesische Regel ist, macht es Spass, im Kreislauf der Elemente zu kochen.

Im Kreislauf – rechtsdrehend –, auch beim Rühren, bereiten wir das Gericht zu. Nehmen von Mutter Natur, was sie uns gerade schenkt (Saison) und schaffen den Ausgleich durch die yinisierenden und yangisierenden Kochmethoden entsprechend der Jahreszeit.

Dabei kann man bei irgendeinem Element beginnen und eigentlich auch enden. Dadurch, dass alle fünf Geschmacksrichtungen und damit auch alle fünf Elemente enthalten sind, wird das Gericht (kreis-)rund.

Dies braucht zu Beginn etwas Übung. Das Einordnen der Nahrungsmittel und Kräuter nach Geschmack lernen wir am besten, wenn wir es mit der Zunge (Geschmackssinn) schmecken. Andernfalls nehme man die Nahrungsmitteltabellen (Anhang Seite 127ff.) zu Hilfe und hänge sie am besten in der Nähe des Kochherds auf.

Wasser und Feuer sind, wie Kochtopf oder Kochlöffel, die Grundelemente zum Kochen. Sie haben selbst keinen Geschmack, bringen aber die Geschmacksrichtung hervor. Wir kochen sie nicht mit als Elemente (einige andere Autoren tun das). Wir kochen mit ihnen.

Wichtig zu wissen: Wenn man mit dem Erdelement aufhört (dem entspricht zum Beispiel auch die Süssspeise nach dem Hauptgericht), wird der Verdauungsprozess verlangsamt, und damit sind wir wieder beim Thema des Übermasses an Feuchtigkeitsbildung. Obwohl der süsse Geschmack sehr entspannend wirkt, besteht mit ihm immer auch das Problem von übermässiger Feuchtigkeit und Trägheit. Manchmal kann dies erwünscht sein: Wenn man sehr angespannt und sehr unruhig ist, hilft eine Süssspeise, die Sinne wieder zu beruhigen und den Geist zu besänftigen.

Wenn die Mahlzeit schon sehr üppig war, beschliesst man daher das Essen besser mit einem italienischen Espresso als mit Eiscreme, die ausserdem durch ihre eisige Kälte zusätzlich blockiert.

Beispiel eines Kochvorgangs – und zugleich ein erster Rezeptvorschlag:

Zitronenpoulet (Hähnchen)

1 Huhn | Holz
2 Zitronen, in Scheiben geschnitten | Holz
frische Ysopzweige (adstringierend-scharf) | Holz
Bittergewürze wie Thymianzweige, Rosenpaprika und Kurkuma | Feuer
Safran und wenig Zucker | Erde
3 Knoblauchzehen, gepresst | Metall
Salz | Wasser

Marinade:

Saft von 2 Zitronen | Holz
Rosenpaprika und wenig Kurkuma (gibt die schöne Farbe) | Feuer
2 EL Öl | Erde
schwarzer Pfeffer aus der Mühle | Metall
Salz | Wasser

Das Huhn innen und aussen gründlich waschen. Alle Kräuter und Gewürze in der Reihenfolge der 5 Elemente mischen und in die Bauchhöhle des Huhns geben.

Die Marinadenzutaten, ebenfalls den 5 Elementen folgend, mischen und das Huhn damit bepinseln.

Auf hoher Hitze bei 220 Grad im Backofen anbraten und dann bei 150 Grad rund 30–45 Minuten fertig backen (= yangisieren).

Wirkung des Gerichts:

Dieses wohlschmeckende Gericht hilft der Leber bei Energiemangel (Huhn tonisiert die Leber). Die yangisierende Kochmethode hilft bei Kälte und wirkt trockend bei Feuchtigkeitsproblemen.

Fleisch ist ein in der chinesischen Küche häufig verwendetes Nahrungsmittel; ihm wird allgemein ein süsser Geschmack und eine wärmende Thermik zugeordnet. Es ist süss und warm und baut Qi und Blut auf. Fehlt es an Qi (Energie) und fehlt es an Blut, dann wird Fleisch zum sogenannten Kaiser-Nahrungsmittel, um diesen Mangel wieder ins Gleichgewicht zu bringen.

Die verschiedenen Fleischsorten werden nach ihrer Signatur folgendermassen den Elementen zugeordet:

- Federvieh (Wind): Holzsignatur (Huhn, Truthahn, Wachtel, Ente, Gans)
- Hufvieh (Erde): Erdsignatur (Rind, Kalb)
- Kiementiere (Wasser): Wassersignatur (Fisch und Meeresfrüchte)

Tiere, die sowohl in den Tälern wie in den Bergen leben, sehr warmes Fleisch haben und sich von reinem Futter ernähren (Wildkräuter und Gräser), wie Ziege, Steinbock oder auch Lamm, werden dem Feuerelement zugeordnet.

Tiere, die wir als Wildtiere kennen (Hirsch, Hase, Reh, Wildschwein und auch das Pferd), welche neben Gras auch Moose und Farne fressen und sehr trockenes Fleisch haben (fettarm), werden dem Metallelement zugeordnet.

Das Fleisch der Zucht- und Masttiere, die in den Tälern leben (feucht-nass) und nicht immer reines Futter bekommen, ist schwerer verdaulich als das Fleisch der Tiere, die in den Bergen leben (trocken-kühl) und sich von reinem Futter ernähren. Diese besitzen ein weniger fettes Fleisch von leichterer Wirkkraft, das Blut (Yang) und Qi tonisiert. Das andere Fleisch tonisiert eher das Yin (Schleim), vor allem wenn es zusätzlich noch in viel Fett gebraten oder in dicken Saucen gekocht wird (Cholesterin).

Das Fleisch der pflanzenfressenden Wildtiere unterscheidet sich wesentlich von dem gemästeter Nutztiere. Der Unterschied liegt im Futter. Wildtierfleisch enthält wenig Fett, dafür wertvolle ungesättigte Fettsäure und Omega-3-Fettsäuren, die cholesterinsenkend und entzündungshemmend wirken; sie sind auch in Fischen reichlich vorhanden.

Die Einstellung des Menschen gegenüber dem Tier ist in seiner Haltung (Nutzung) ebenso entscheidend wie in seiner Ausnutzung (täglicher Fleischkonsum). In der chinesischen Ernährunglehre hat Fleisch eine Kaiserposition. Die Haltung dem Tier gegenüber sollte kaiserlich und das Essen von Fleisch «Kaisertagen» (Sonntag) vorbehalten sein. Als Heilmittel bekommt es eine Kaiserfunktion, wenn die Krankheitssymptomatik nach einem Kaisernahrungsmittel verlangt (Blutleere und Qi-Leere).

Fleisch wird schwer verdaulich, wenn es durch Feuer verbrannt wird (grillieren = verbrennen), wenn es in fettigen Saucen badet, roh genossen wird oder aus der Tiefkühltruhe kommt. Die neutralste, verträglichste Form ist wie immer das Dünsten oder Kochen. Kürzlich stiess ich auf folgenden Tip für Grillfreunde: Die beim Grillieren von Fleisch frei werdenden krebserregenden Stoffe (Nitrosamine) sollen gemäss Ernährungsfachleuten aus den USA durch folgende Marinade reduziert werden: Olivenöl, brauner Zucker, Knoblauch, Senf, Salz, Zitronensaft und Apfelessig. Ob diese Leute wohl wissen, das sie damit eine 5-Elemente-Grillsauce kreiert haben?

Fleisch isst man am besten im Herbst und Winter, in jener Zeit, in der man generell wärmespendende Nahrungsmittel zu sich nehmen sollte und seinen Körpersubstanzen Sorge tragen muss. Im Frühling und Sommer kommt man gut fleischlos über die Runden oder aber mit Fisch und Meeresfrüchten.

Soja, auch das Fleisch des Feldes genannt, ist in der TCM-Ernährung kein Fleischersatz, sondern «nur» ein Eiweissersatz. Soja ist thermisch kühlend, und Fleisch ist thermisch wärmend. Als Fleischersatz in der TCM-Ernährung gelten Nüsse, Kerne und Samen – sie erwärmen. Geschmacklich sind sie alle gleich, nämlich süss.

Sehr lange Kochmethoden (3 Stunden und mehr, wie z.B. für Kraftbrühen), durch die das Wasser verdampft und das Konzentrat übrig bleibt, werden angewendet bei kräftezehrenden Krankheiten oder nach einer Geburt, um die verlorenen Essenzen wieder aufzufüllen. Ebenso in sehr kalten Wintern oder extrem kalten Klimazonen. Diese Suppen bestehen aus nährenden, wärmenden Zutaten wie Fleisch, Knochen, Mark, Hülsenfrüchten, wärmenden Gemüsen, wärmenden Kräutern (Nelken, Lorbeer, Knoblauch, Süssholz, Ingwer).

KOCHMETHODEN NACH DEN 5 ELEMENTEN

Oberstes Prinzip:	die Mitte stärken: Ort der Transformation in Qi und Blut harmonisierende Ernährung: jahreszeitliche Faktoren berücksichtigen ausgewogene Ernährung: alle fünf Geschmacksrichtungen im ausgewogenen Verhältnis Kochweise im Kreislauf der fünf Elemente
Yinisieren:	erfrischende Zutaten: kalt/kühlend (oder roh) mit viel Wasser (und Deckel auf dem Topf), damit die Feuchtigkeit enthalten bleibt leichtes Kochgeschirr verwenden (Glas, Keramik, leichte Pfannen), auch in leichtem Geschirr servieren (schönes Porzellan oder Glasgeschirr)
Yangisieren:	erwärmende Zutaten: heiss/warm oder lange gekocht wenig Wasser (ohne Deckel auf dem Topf), damit die Feuchtigkeit verdampft schweres Kochgeschirr verwenden (Gusseisen, Steingut und schwere Pfannen), auch in schwererem Geschirr servieren (schönes Steinzeug oder Tongeschirr)
Yinisierende Kochmethoden:	Gerichte im Saft schmoren Kochen mit viel Wasser kurz gekochte Suppen oder kalte Suppen Blanchieren, Sautieren, Wasserbad, Dämpfen Zutaten in grosse Stücke schneiden Kochen mit Wasser oder Milch
Yangisierende Kochmethoden:	Braten, Grillieren, Flambieren, Toasten, Rösten, Fritieren, Wok (schnell und heiss) lang gekochte Suppen Zutaten klein schneiden Kochen mit Alkohol
Yinisieren wird angewendet bei:	Säftemangel und Hitzeproblemen
Yangisieren wird angewendet bei:	Feuchtigkeits- und Kälteproblemen
Yinisieren ist richtig:	im Sommer oder bei Hitzeproblemen
Yangisieren ist richtig:	im Winter oder bei Kälteproblemen

Zusammenfassend:

Yin-Prinzip bei:	Yang-Problemen:
kalt bei	innerem Feuer
kühlend bei	Sommerhitze
erfrischend-saftig bei	Säftemangel

Yang-Prinzip bei:	Yin-Problemen:
heiss bei	innerer Kälte
wärmend bei	Winterkälte
erwärmend-trocknend bei	Feuchtigkeit (Schleim)

Die einführende Darstellung über die chinesische Ernährungslehre gilt es nun in die Praxis umzusetzen. Dazu gehört neben dem Genuss auch noch etwas Abenteuer: Wer wagt es, Feuer zu schlucken, an Metall zu knabbern, Holz zu grillen oder zu kochen und in Erde zu beissen, um schliesslich alles mit frischem Wasser hinunterzuspülen? Nein, ganz so exotisch ist sie nicht, die 5-Elemente-Ernährung, und auch nicht so chinesisch, dass man Messer und Gabel durch chinesische Essstäbchen und Reistasse tauschen müsste. Wir «importieren» nicht eine Esskultur aus China, sondern ihre Ernährungsphilosophie, die sich in jeder Kultur verwirklichen lässt. Auch die Nahrungsmittel sind nicht «chinesisch», wenn auch einige Gewürze aus dem fernen Osten stammen.

Die nun folgenden Rezepte wollen nicht durch Raffinesse oder Aussergewöhnlichkeit brillieren. Sie sind einfach und oft sogar bescheiden. Unsere Verdauungsorgane schätzen das Einfache, und sie sind in ihren Ansprüchen auch recht bescheiden, was die Vielfalt, nicht aber was die Energie (Qi) in den Gerichten betrifft.

Die Rezepte eignen sich für den Alltag, für die Familie und für Gäste.

Diese Einführung hat mit einer Lebensweisheit begonnen und soll deshalb auch mit einer enden. Essen soll Genuss und Freude bereiten. Deshalb nimm dir Zeit dazu. Doch es ist nicht das Essen allein, was uns Freude bereitet. Deshalb nimmt dir auch Zeit für all das, was das Leben sonst noch genussvoll macht.

Nimm Dir Zeit, um zu bewundern,
es ist das Talent zum Genuss.

Nimm Dir Zeit, um nachzudenken,
es ist die Quelle der Kraft.

Nimm Dir Zeit, um zu arbeiten,
es ist der Preis des Erfolges.

Nimm Dir Zeit, um zu lesen,
es ist die Grundlage des Wissens.

Nimm Dir Zeit, um freundlich zu sein,
es ist das Tor zum Glücklichsein.

Nimm Dir Zeit, um zu träumen,
es ist der Weg zu den Sternen.

Nimm Dir Zeit, um zu lieben,
es ist die wahre Lebensfreude.

Nimm Dir Zeit, um froh zu sein,
es ist die Musik der Seele.

Frühlingszeit

Bewegung der Zeit	Yang im Yin – das kleine Yang Der Yang-Aspekt bewegt sich nach oben, es wird wieder wärmer, lichtvoller und bewegter. Der Yin-Aspekt wird allmählich wieder kleiner.
TCM-Frühlingszeit	Mitte Februar bis Mitte Mai
Signatur der Nahrungsmittel	Thermisch: erfrischend Energetisch: nach oben bewegend Konsistenz: leicht Holzelement stärkend
Wahl der Nahrungsmittel	Saisongemüse und erste Frühlingskräuter, Frühlingsgrün (Sprossen und Keimlinge), Frühlingsfrüchte, leichte Fleischgerichte, Frühlingsgetreide (Holzelement)
Ernährungsthematik	Wechsel von der heissen und schweren Winterernährung zur leichten und das Qi bewegenden Frühlingsernährung
Geschmack	Alle 5 Geschmacksrichtungen
Kochweise	Yinisierend, erfrischend Garen im Dampf und andere leichte Kochweisen sind ideal für die Jahreszeit.
Frühlingsgerichte	bewegen die Energie nach oben; sie sind leicht und fettarm.
Rezeptvorschläge	Frühlingskräutersuppen Getreidegerichte mit Frühlingskräutern Frühlingsgemüse Sprossen und Keimlinge Tofugerichte Leichte Fischgerichte Leichte Gerichte mit Huhn und Ente Leichte Desserts mit wärmenden Gewürzen Kräutertees mit Brennnessel, Huflattich, Süssholz, Holunderblüten, Schlüsselblumen und anderen Frühlingskräutern

Frühlingskräutersalat

Frühlingsbittersalate wie Nüsslisalat (Feldsalat),
weisser und roter Radiccio (Chicorée),
junge Löwenzahnblätter, gewaschen
und mundgerecht zerpflückt | Feuer
3 EL Sonnenblumenkerne, angeröstet | Erde
1 reife Avocado, das Fleisch in feine
Streifen geschnitten | Erde
1 Bund Radieschen, fein geschnitten | Metall
½ Tasse Rettichsprossen | Metall
½ Tasse Linsen, vorgekocht | Wasser
1 Tasse Sauerklee | Holz
½ Tasse Bambussprossen (Dose) | Holz

Wärmende Salatsauce:
3 EL Distel- oder Nussöl | Erde
wenig Zimtpulver | Erde
frisch gemahlener Pfeffer | Metall
frisch geriebener Ingwer | Metall
wenig Kümmelpulver | Metall
grobkörniger scharfer Senf | Metall
Meersalz | Wasser
2 EL Balsamico- oder Rotweinessig | Holz
wenig Rosmarin, Thymian, Oregano (Pulver) | Feuer

Die Salatsauce, den Elementen folgend, zubereiten und mit den Salatzutaten mischen. Nach Belieben mit Schlüsselblumen, Gänseblümchen und Huflattichblüten garnieren.

Wirkung des Gerichts:

- Blattsalate wirken kühlend und Hitze ausleitend. Die Sauce mit ihren wärmenden Gewürzen gleicht die kühlende Wirkung aus.
- Alle Zichorienarten sind bitterstoffhaltig, ausser man wäscht diese aus, was jedoch sehr schade wäre, weil die bitteren Stoffe die Verdauungssäfte anregen.
- Alle Blattsalate mit dunkelgrüner Farbe weisen auf einen reichen Chlorophyllgehalt hin. Dieser dem Blut ähnliche Pflanzenstoff hilft bei starken Blutverlusten.

Bärlauch-Brennnessel-Suppe

2 EL Maiskeimöl | Erde
1 Zwiebel, geschnitten | Metall
frisch gemahlener Pfeffer | Metall
3 Tassen frischer Bärlauch, grob geschnitten | Metall
1 l warmes Wasser | Wasser
2 EL Miso (fermentierte Sojabohnen) | Wasser
wenig Meersalz zum Abschmecken | Wasser
200 ml Apfelwein (saurer Most) | Holz
1 Prise Rosenpaprika | Feuer
2 Tassen frische, junge Brennnesselspitzen | Feuer
1 EL Tahin (Sesampaste) | Erde

100 ml Rahm, geschlagen | Erde

Das Maiskeimöl erwärmen. Die Zwiebel darin andämpfen und mit Pfeffer würzen. Den Bärlauch beifügen und mit dem warmen Wasser ablöschen. Mit Miso und Salz abschmecken. Apfelwein, Paprika, die Brennnesselspitzen und das Tahin dazugeben und alles zusammen etwa 15 Minuten köcheln lassen, dann mit dem Stabmixer pürieren.

Zuletzt den geschlagenen Rahm darunter ziehen.

Wirkung des Gerichts:

- Diese schmackhafte Frühlingskräutersuppe tonisiert das Yin (Körpersäfte). Sie hat mit Rahm eine leicht befeuchtende, ohne Rahm eine Säfte tonisierende Wirkung.
- Brennnessel ist bitter bis herb, leicht salzig bis süsslich und wärmend; sie wirkt blutreinigend und harntreibend – ideal für den inneren Frühjahrsputz.
- Bärlauch ist scharf und neutral bis wärmend; durch seine Schwefelverbindung hilft er dem Körper, sich von Toxinen zu befreien. Ausserdem schützt er die Schleimhäute vor Pilzbefall (Antipilzwirkung).
- Miso, ein fermentiertes, enzymreiches Sojaprodukt mit mild-salzigem Geschmack unterstützt den Stoffwechsel. Es enthält Vitamin B_{12} (blutbildend) und ist eiweissreich. Da Miso in die Kategorie «lebendige Ernährung» gehört, sollte es nie lange gekocht werden.

Kräuterrahmsuppe mit Sojasprossen

4 EL grüne und gelbe Sojabohnen

1 EL Sojaöl | Erde
2–3 Frühlingszwiebeln mit Grün, fein geschnitten | Metall
frisch gemahlener weisser Pfeffer | Metall
1 l Hühnerbouillon zum Ablöschen | Wasser
gekeimte Sprossen | Holz
wenig Kerbel, frisch oder getrocknet | Feuer
1 Prise Rosenpaprika | Feuer
wenig erste, zarte Liebstöckelblätter, fein geschnitten | Feuer
1 Prise Zucker oder 1 TL Akazienhonig | Erde
1 Bund Schnittlauch, fein geschnitten | Metall
einige Spritzer Sojasauce | Wasser
100 ml Sauerrahm | Holz

Die Sojabohnen 4–6 Tage vorkeimen.

Das Sojaöl erwärmen. Die Frühlingszwiebeln darin andämpfen. Mit Pfeffer würzen, mit der Hühnerbouillon ablöschen und die gekeimten Sprossen dazugeben. Kerbel, Paprika, Liebstöckel und Zucker hinzufügen. Die Suppe 10–15 Minuten köcheln lassen, dann mit dem Stabmixer pürieren. Schnittlauch, Sojasauce und Sauerrahm darunter ziehen.

Tip: Anstelle der Sojasprossen können andere Sprossen verwendet werden; je nach Geschmack und Thermik der verwendeten Sprossen verändert sich das Gericht.

Wirkung des Gerichts:

- Sojabohnen sind süss und kühlend und helfen, innere Hitze auszuleiten. Bei Sprossensuppen kommt der Yin-Aspekt der Flüssigkeit dazu. Somit hilft dieses Gericht, innere Hitze (Yang) auszuleiten und Körpersäfte (Yin) aufzubauen.
- Sprossen sind ein hochwertiges, enzymreiches Lebensmittel. Diese Entdeckung machte man in China bereits vor 5000 Jahren. Man nutzte ihre Heilkraft bei verschiedenen Krankheiten.
- Durch den Keimprozess werden die im Samenkorn enthaltenen Inhaltsstoffe enorm gesteigert; der Vitamingehalt der Sprossen ist bis viermal höher als jener der getrockneten Samen.

Tofu an Ingwersauce auf Kresse

1 EL Sonnenblumenöl | Erde
1 EL Pistazien | Erde
1 EL schwarze Sesamsamen | Erde
250 g biologischer Tofu, in 1 cm breite Streifen geschnitten | Erde
1 nussgrosses Stück Ingwer, fein geschnitten | Metall
3 Frühlingszwiebeln mit Grün, in Streifen geschnitten | Metall
etwas schwarzer Pfeffer, gemahlen | Metall
1 EL Sojasauce | Wasser
wenig Salz | Wasser
1 EL Sherryessig | Holz
½ TL Kurkuma (Gelbwurz) | Feuer

Das Sonnenblumenöl in der Bratpfanne erhitzen. Die Pistazien darin anrösten, die Sesamsamen dazugeben und mitrösten. Den Tofu dazugeben und mitbraten. Ingwer und Frühlingszwiebeln hinzufügen und ebenfalls mitbraten. Mit den Gewürzen, Salz und Essig abschmecken.

Frisch gewaschene Kresse auf Tellern verteilen und den warmen Tofu darauf geben.

Wirkung des Gerichts:

- Tofu ist süss und kühlend und wird hier ergänzt durch wärmende Zutaten.
- Tofu, ein käseähnliches Sojaprodukt mit süss-fadem Geschmack und kühlender Thermik, leitet Hitze aus und befeuchtet bei Trockenheit. Die Zugabe von wärmenden Zutaten neutralisiert die kühlende Wirkkraft des Tofus, was bei kühler Witterung im Frühling zu empfehlen ist.
- Kresse ist scharf, leicht bitter und kühlend (erfrischend). Sie enthält ein natürliches Antibiotikum (Immunsystem) sowie die Vitamine C, A, E, Eisen, Jod und Schwefel und wirkt dadurch, kurz gesagt, «entgiftend».

Kohlrabi an frühlingshafter Sauce

500 g zarte, junge Kohlrabi | Metall
300 ml würzige Gemüsebouillon | Wasser

Sauce:
2 EL Butter | Erde
4 EL Dinkelvollmehl | Erde/Holz
weisser Pfeffer | Metall
Gemüsekochsud | Wasser
1 Tasse Sauerklee | Holz
1 Becher (180 g) Sauerrahm | Holz
wenig Rosenpaprika | Feuer
Kohlrabiblätter, ganz fein geschnitten | Feuer
1 EL Sesamsamen (evtl. angeröstet) | Erde
reichlich glatte Petersilie, fein geschnitten | Metall
1 Prise Salz | Wasser

Die Kohlrabi schälen und in Scheiben schneiden; die zarten Blätter beiseite legen. Die Kohlrabischeiben im Dämpfsieb über der Bouillon weich garen. Den Sud aufbewahren.

Für die Sauce die Butter schmelzen und das Mehl darin anschwitzen, Pfeffer hinzufügen und mit dem Gemüsekochsud ablöschen. Unter Rühren zu einer dicklichen Sauce einkochen. Vom Feuer nehmen und alle übrigen Zutaten darunter mischen.

Die warmen Kohlrabi mit der Sauce mischen und anrichten.

Wirkung des Gerichts:

- Die Sauce (Butter, Mehl und Rahm) verändert die Wirkung der Kohlrabi; das Gericht wirkt leicht befeuchtend.
- Kohlrabi sind leicht scharf und süss und thermisch neutral. Roh sind sie schärfer und kühlender in der Thermik. Sie wirken schleimlösend und leiten Toxine aus, enthalten viele Mineralstoffe und in den Blättern dreimal so viel Eisen und Chlorophyll wie in der Knolle – deshalb sollte man die jungen Blätter niemals wegwerfen; allerhöchstens gibt man sie auf die Erde zurück.

Spargeln an Kräuterschaum

1,5 kg weisse und grüne Spargeln, gemischt
einige Koriandersamen | Metall
wenig Salz | Wasser
300–500 ml Wasser | Wasser
1 TL Zitronensaft | Holz
einige junge Beifussblätter | Feuer
1 Prise Zucker | Erde

Sauce:
100 ml Weisswein | Metall
2 TL frischer Dill | Metall
100 ml Kochsud | Wasser
Salz | Wasser
4 EL Quark | Holz
1 EL frischer Kerbel, fein geschnitten | Feuer
1 EL Huflattichblütenblätter | Feuer
4 Eigelb | Erde
50 g frische kalte Butter | Erde

Die Spargeln waschen, die weissen ganz, die grünen nur am unteren Ende schälen und mit den übrigen Zutaten in ein Dämpfsieb oder den Dämpfer geben und garen. Abgiessen, vom Sud 100 ml durchsieben und beiseite stellen.

Für die Sauce Weisswein, Dill und den beiseite gestellten Kochsud zusammen aufkochen, mit etwas Salz abschmecken. Vom Feuer nehmen und die übrigen Zutaten unter kräftigem Rühren dazugeben. Die kalte Butter auf eine Gabel stecken und in die warme Sauce einrühren.

Die Spargeln auf eine vorgewärmte Platte geben und mit der Sauce überziehen.

Wirkung des Gerichts:

- Spargeln sind süss, leicht bitter und kühlend. Sie gehören zu den Sprossengemüsen und haben eine Holzsignatur – sind somit ideal im Frühling. Grüne Spargeln enthalten mehr Chlorophyll und sind deshalb noch holzbetonter. Mit ihrer kühlenden Thermik und ihren Bitterstoffen leiten sie Hitzetoxine aus, wirken entschlackend und harntreibend. Zu viel Spargeln können jedoch die Nieren reizen.
- Die Sauce wirkt leicht befeuchtend (Butter, Eier, Quark).

Reis mit grünen Spargeln und Crevetten

700 g grüne Spargeln

4 EL Olivenöl | Erde
3 Schalotten, gehackt | Metall
1 Knoblauchzehe, gepresst | Metall
450 g Risottoreis | Metall
200 ml Weisswein | Metall
1 1/4 l Hühnerbouillon | Wasser
300 g Crevetten | Wasser
1 EL Zitronensaft | Holz
wenig Rosenpaprika | Feuer

vorgekochte Spargeln | Erde
80–100 g Butter, in kleinen Stückchen | Erde

Die Spargeln am unteren Ende schälen und über Dampf vorkochen. In 3 cm lange Stücke schneiden.

Das Olivenöl erwärmen, Schalotten und Knoblauch andünsten, den Reis hinzufügen und mitdünsten. Mit Weisswein und Bouillon ablöschen und 15 Minuten köcheln lassen. Kurz bevor der Reis gar ist, die Crevetten dazumischen und etwa 5 Minuten erwärmen. Mit Zitronensaft und Paprika abschmecken. Kurz vor dem Servieren die Spargeln und die Butter vorsichtig unter den Risotto ziehen.

Wirkung des Gerichts:

- Ein thermisch neutrales Gericht.
- Es gibt viele tausend Sorten Reis. Der beliebte italienische Risottoreis ist eine Weiterzüchtung des Rundkornreises; seine Wirkkraft, das Qi zu nähren und den mittleren Erwärmer zu stärken, ist durch das Entfernen der Randschicht leider geschmälert. Reis ist je nach Sorte geschmacklich süss, aromatisch, leicht bitter und thermisch neutral bis leicht kühlend. Wegen seiner Heilwirkung auf den Darm (bei Durchfall) finden wir ihn oft dem Metallelement zugeordnet, geschmacklich gehört er jedoch ins Erdelement.
- Spargeln gehören zu den Sprossengemüsen und haben (insbesondere die grünen) eine Holzsignatur: ihre kühlende Thermik und ihre Bitterstoffe leiten Hitzetoxine aus.
- Crevetten spricht man eine das Nieren-Yang stärkende Wirkung zu; geschmacklich sind sie süss bis leicht salzig.

Getreiderösti

400 g Getreidekörner (Dinkel, Grünkern, Weizen)

3 EL Maiskeimöl | Erde
je 100 g Karotten, Fenchel, Chinakohl, fein geschnitten | Erde
100 g Lauch, fein geschnitten | Metall
1 Zwiebel, fein geschnitten | Metall
2 Knoblauchzehen, fein gehackt | Metall
2 Bund Petersilie, fein geschnitten | Metall
wenig Cayennepfeffer | Metall
2 EL Miso | Wasser
wenig Salz | Wasser
vorgekochte Getreidemischung | Holz/Erde
wenig Kerbel, fein geschnitten | Feuer
einige junge Liebstöckelblätter, fein geschnitten | Feuer

Die Getreidekörner etwa 45 Minuten in ungesalzenem Wasser köcheln lassen, erst am Schluss der Garzeit salzen. 5 Minuten nachquellen lassen. Restliches Kochwasser abschütten.

In der Zwischenzeit das Gemüse vorbereiten. Das Öl in einer Bratpfanne erhitzen, das Gemüse darin andämpfen. Lauch, Zwiebel, Knoblauch und Petersilie dazugeben, mit Cayennepfeffer, Miso und wenig Salz würzen.

Dann die vorgekochte Getreidemischung dazugeben und bei mässiger Hitze unter stetem Wenden anrösten, bis die Körner mässig braun werden. Kurz vor dem Servieren Kerbel und Liebstöckel dazugeben.

Wirkung des Gerichts:

- Die Getreide nähren durch ihre milde Süsse «die Mitte», und dies, ohne zu befeuchten, da sie geröstet sind.
- Alle Getreide sind, roh genossen, schwer verdaulich (Frischschrot); durch Kochen oder Keimen werden sie leichter verdaulich. Gewürze und Gemüse von trocknender und wärmender Eigenschaft unterstützen die Wirkkraft, Qi und Yang stärkend.

Spinat-Tofu-Burger

50 g junge Brennnesselspitzen | Feuer
250 g Spinat, grob gehackt | Erde
250 g Seidentofu (z.B. Engeltofu), mit der Gabel zerdrückt | Erde
1 Knoblauchzehe, gepresst | Metall
1 Frühlingszwiebel, fein geschnitten | Metall
schwarzer Pfeffer aus der Mühle | Metall
2 Msp. Muskatnuss | Metall
1 TL Salz | Wasser
einige Sauerampferblätter, fein geschnitten | Holz
wenig Salbeipulver | Feuer
2 EL gemahlene Mandeln | Erde
2 EL Weizen- oder Grünkernvollmehl | Erde/Holz

1–2 EL Öl | Erde

Die Brennnesselspitzen über Dampf zusammenfallen lassen, dann grob hacken. Die übrigen Zutaten der Reihe nach (im Kreislauf der 5 Elemente) zufügen und gut mischen.

Das Öl erhitzen, jeweils 2 Esslöffel der Mischung in die Pfanne geben, flach drücken und die Burger bei mittlerer Hitze auf beiden Seiten braten.

Wirkung des Gerichts:

- Leicht und warm – so, wie es im Frühling geschätzt wird.
- Spinat ist roh bitter bis süss, adstringierend und kühlend; als Rohkost geeignet bei Hitzeproblematiken. Gedämpft oder gekocht wird die Thermik neutral.
- In der Volksmedizin wird er aufgrund seiner blutnährenden Inhaltsstoffe (Eisen, Kupfer, Chlorophyll) gegen Blutarmut empfohlen. In der TCM hat er dank der reichlich vorhandenen Bitterstoffe die Wirkkraft, das Blut zu tonisieren, Hitze auszuleiten und Toxine abzuführen.
- Spinat enthält auch Oxalsäure (adstringierend). Oxalsäure bindet Kalzium und verhindert dadurch dessen Aufnahme. Deshalb sollte man zu Spinat keine kalziumhaltigen Nahrungsmittel essen.

Sprossentoast

4 EL Inka-Sprossen-Mischung (Quinoa, Alfalfa, Rettich)

8 Scheiben Vollkornbrot | Erde
Olivenöl | Erde
frisch gemahlener Pfeffer | Metall
wenig Kräutersalz | Wasser
einige getrocknete Tomaten oder Dosentomaten (Pelati) | Holz
vorgekeimte Sprossen | Holz

Fetakäse (Schafskäse), gerieben oder zerbröckelt | Feuer
Rosenpaprika und Thymian | Feuer

Die Sprossen 6–7 Tage vorkeimen, bis sich das erste Grün in Form zarter Blättchen zeigt.

Das Vollkornbrot toasten. Mit wenig Olivenöl bestreichen, mit Pfeffer und wenig Kräutersalz bestreuen. Die Tomaten auf dem Toast verteilen und die Sprossen darüber geben. Mit Feta bestreuen und mit Rosenpaprika und Thymian würzen. Auf ein Backblech legen und 15 Minuten bei 200 Grad überbacken, bis der Käse geschmolzen ist.

Wirkung des Gerichts:

- Eine andere Art, Sprossen zu geniessen – als leichter und wärmender Imbiss.
- Brot ist süss und schwer verdaulich, wenn es zu frisch und zu vollkörnig ist, leichter verdaulich, wenn es leicht getoastet wird (nicht verbrannt) und die Körner zu Vollkornmehl ausgemahlen sind.
- Fladenbrot, Knäckebrot und leicht getoastetes Vollkornbrot haben nicht die Schwere des frischen Brots und wirken nicht so befeuchtend wie Weissmehlbrot.
- Selbst gemachte Brote würze man am besten mit verdauungsfördernden Gewürzen wie Kümmel, Anis, Fenchelsamen, Muskat, Kardamom und mische einige gekeimte (enzymreiche) Körner unter das Mehl.

Sauerteigbrot = Holzelement
Hefeteigbrot = Erdelement

Hühnerbrüstchen auf Lauchsalat

4 Hühnerbrüstchen | Holz

Marinade:
2 TL Thymian, wenn möglich frisch | Feuer
1 EL Olivenöl | Erde
2 EL trockener Sherry | Metall
weisser Pfeffer | Metall
wenig Salz | Wasser

400 g Lauch mit Grün, geputzt, in 1 cm breite Streifen geschnitten | Metall
1/8 l würzige Gemüsebrühe | Wasser

3 EL Gemüsekochfond | Wasser
2 TL Zitronensaft | Holz
2 EL Sherryessig | Holz
1 TL Thymian | Feuer
1 EL Walnussöl | Erde
1 EL Olivenöl | Erde
weisser Pfeffer | Metall
1/2 EL grobkörniger Senf | Metall
wenig Salz | Wasser

Die Hühnerbrüstchen in die Marinade einlegen.

Den Lauch in der Gemüsebrühe bissfest garen. 3 Esslöffel vom Kochfond mit den übrigen Würzzutaten vermischen, den warmen Lauch damit begiessen und ziehen lassen.

Die Hühnerbrüstchen bei starker Hitze auf jeder Seite 3 Minuten braten. In dünne Scheiben schneiden und auf dem warmen Lauchsalat anrichten.

Wirkung des Gerichts:

- Huhn ist süss und warm, Lauch ist scharf bis süsslich und warm. Zusammen ein ideales Frühlingsgericht – leicht und warm. Es vertreibt innere Kälte und bewegt Qi und Yang nach oben.
- Lauch, ein Liliengewächs, wie Ingwer, Knoblauch und Zwiebeln, ist dank seiner ätherischen Öle roh scharf und warm. Gekocht wird er süsslich (schleimig) und warm. Die Verbindung von ätherischen Ölen und Schleimstoffen hilft beim Abhusten von Schleim (Bronchitis).

Ente gefüllt mit Beifuss

1 junge Ente von 1,5–2 kg, küchenfertig | Holz
10 junge Beifusstriebe, Stengel und Blätter | Feuer
1 Prise Zucker | Erde
frisch gemahlener schwarzer Pfeffer | Metall
Salz | Wasser
1/8 l Wasser | Wasser
einige Scheiben Zitrone | Holz
1/8 l Bier | Feuer
wenig Akazienhonig | Erde
2 Bund Frühlingszwiebeln, nur das welke Grün entfernt | Metall

Die Ente innen und aussen waschen, den Beifuss in die Bauchhöhle legen. Den Zucker mit viel frisch gemahlenem Pfeffer und mässig Salz mischen und die Ente damit innen und aussen würzen.

Die Ente mit der Brust nach unten in einen Bräter legen und bei 200 Grad 35 Minuten im Backofen braten. Dann die Ente umdrehen, die Haut mehrmals mit einer Nadel einstechen, damit das flüssige Fett abfliessen kann, das angesammelte Fett abschöpfen. Das Wasser dazugiessen und die Ente weitere 35 Minuten braten, dabei alle 10 Minuten mit Bratensaft begiessen, damit die Haut knusprig wird.

Die Zitronenscheiben zur Ente legen. Die Ente mit dem Bier begiessen und mit dem Honig bepinseln. Die Frühlingszwiebeln seitlich dazulegen und die Ente weitere 30 Minuten braten, dabei alle 10 Minuten mit Fond begiessen.

Die Ente aus dem Bräter nehmen und auf einen Rost legen, damit das Fett abtropfen kann. Die Frühlingszwiebeln auf eine vorgewärmte Platte geben, die Ente tranchieren und dazulegen. Die Sauce separat dazu reichen.

Wirkung des Gerichts:

- Ente ist süss und kühlend. Beifuss ist sehr bitter bis leicht scharf und warm – zwei, die sich wunderbar ergänzen.
- Aufgrund seiner Wirkkraft, das Blut zu nähren und Hitze zu kühlen, wird Entenfleisch bei Erschöpfung und Blutmangel angewendet. Dazu wäre die Zubereitung in Form einer Entensuppe jedoch noch geeigneter.

Huhn mit Frühlingszwiebeln und Cashewnüssen

1 EL Sesamöl | Erde
2 EL Cashewnüsse | Erde
1 TL frisch geriebener Ingwer | Metall
viel Frühlingszwiebeln mit Grün, in Streifen geschnitten | Metall
schwarzer Pfeffer, frisch gemahlen | Metall
2–3 EL trockener Sherry oder Reiswein | Metall
1 EL Sojasauce | Wasser
wenig Salz | Wasser
4 Hühnerbrüstchen, in mundgerechte Stücke geschnitten | Holz
wenig Kurkuma | Feuer

Das Sesamöl in Wok oder Bratpfanne erhitzen und die Cashewnüsse darin anrösten. Die Hitze reduzieren. Ingwer, Frühlingszwiebeln und Pfeffer dazugeben, mit Sherry oder Reiswein ablöschen. Mit Sojasauce und Salz abschmecken.

Die Hühnerbrüstchen dazugeben und mitdämpfen. Mit Kurkuma abschmecken.

Wirkung des Gerichts:

- Dieses Gericht wirkt durch Ingwer, Frühlingszwiebeln, Sherry, Nüsse und Huhn sehr wärmend und trocknend. Damit vertreibt man Kälte und Feuchtigkeit im «mittleren Erwärmer».
- Das Huhn ist dem Holzelement zugeordnet, nicht weil es sauer ist, sondern weil es eine Holzsignatur hat (Wind, Federvieh) und auf die Organe des Holzelements süss und erwärmend wirkt und damit das Leber-Qi und Blut tonisiert.
- Das Fleisch von Hühnern, die sich «im Wind», d.h. in der freien Natur bewegen und sich von reinem Futter ernähren, wirkt wärmend. Massentierhaltung und künstliches Licht sowie unreines Futter verändern die Wirkkraft des Fleisches.

Fisch gedämpft mit Ingwer

2 Forellen oder Rotbarben (ca. 600 g), küchenfertig | Wasser
3 Frühlingszwiebeln mit Grün, in Ringe geschnitten | Metall
Salz | Wasser

Marinade:
1 TL Zitronensaft | Holz
2 EL Estragon, frisch gehackt oder Pulver | Feuer
1 EL Sonnenblumenöl | Erde
$1/2$ TL Zucker | Erde
1–2 Knoblauchzehen, gepresst | Metall
1 grosses Stück Ingwer (ca. 6 cm), in hauchdünne Scheiben geschnitten | Metall
4 EL trockener Sherry | Metall
2 EL Sojasauce | Wasser

Die Fische waschen und trocken tupfen. Die Frühlingszwiebeln in einem Dämpfer (Vapeur) oder einer Fischpfanne andünsten. Die Fische auf der Oberseite mit einem scharfen Messer schräg einschneiden und innen und aussen leicht salzen. Auf die Frühlingszwiebeln legen.

Für die Marinade alle Zutaten vermischen. Die Fische mit wenig Marinade begiessen und im Dampf 15–20 Minuten garen. Alle 5 Minuten wieder Marinade nachgiessen.

Wirkung des Gerichts:

- Forellen sind süss und neutral bis wärmend, Frühlingszwiebeln sind scharf und warm, die Marinade ist scharf und warm bis heiss. Als Ganzes tonisiert das Gericht Qi und Yang.
- Dass der Fisch dem Wasserelement zugeordnet ist, bedeutet nicht, dass man ihn nur im Winter essen darf. Man kann ihn essen, wenn man Lust darauf hat – entscheidend sind die Zubereitung und die Zutaten. Hier tonisieren sie Qi und Yang und geben dem Gericht damit jene Wirkkraft, welche die Bewegungsrichtung der Frühlingszeit unterstützt.

Rhabarberkompott mit Ingwerparfait

Parfait:
2 frische Eier | Erde
3 EL Zucker | Erde
4 EL kandierter Ingwer, fein gehackt | Metall
1 EL frischer Ingwer, gerieben | Metall
1 Prise Salz | Wasser
1/2 TL Zitronensaft | Holz
1 EL mit der weissen Haut abgeriebene Zitronenschale | Feuer
1/4 l Rahm, steif geschlagen | Erde

Rhabarberkompott:
500 g roter Rhabarber, gewürfelt | Holz
1/2 TL Zitronenschale, gerieben | Feuer
4 EL Zucker | Erde
1 Vanillestengel, aufgeschnitten | Erde
1 EL Weisswein | Metall
wenig eingelegte grüne Pfefferkörner | Metall
2 EL Wasser | Wasser

Für das Parfait die Eier mit dem Zucker verrühren, bis die Masse hell ist. Die übrigen Zutaten darunter ziehen. Eine längliche Form von etwa 1 Liter Inhalt mit wenig Öl ausstreichen und mit Klarsichtfolie auslegen. Die Masse einfüllen und zugedeckt 4–5 Stunden gefrieren lassen.

Den Rhabarber mit den übrigen Zutaten 5–10 Minuten knapp weich kochen und auskühlen lassen.

Das Parfait in Scheiben schneiden und zusammen mit dem Kompott servieren.

Wirkung des Gerichts:

- Rhabarber ist sauer, adstringierend und kalt. Das Parfait ist durch den Ingwer leicht scharf, in gefrorenem Zustand aber kältend.
- Vorsicht mit dieser Nachspeise bei innerer Kälte und Qi-Stagnation. Hingegen darf man sie geniessen bei inneren Hitzeproblemen.
- Rhabarberwurzel dient als Heilmittel (adstringierend, kalt) bei Hitze-Feuchtigkeit (im Darm). Rhabarber enthält viel Oxalsäure, deshalb Vorsicht bei Nieren-Kälte-Problemen.

Dreikornmüesli mit Obst

Je 4 EL Weizen und Dinkel, eingeweicht | Erde/Holz
2 EL saurer Most oder Brottrunk | Holz
4 EL Buchweizen | Feuer/Erde
1 EL Sesamsamen | Erde
1 Prise weisser Pfeffer | Metall
Wasser | Wasser
1 Prise Salz | Wasser

2 säuerliche Äpfel | Holz
100 ml Holundersaft | Feuer
1 kleine Banane | Erde
4 EL Walnusskerne | Erde
2 EL Korinthen oder Rosinen | Erde
1 EL Ahornsirup | Erde
2–4 EL Rahm | Erde
1 EL frisch geriebener Ingwer | Metall
wenig Nelkenpulver | Metall
wenig Anispulver | Metall
wenig Kardamompulver | Metall

Die eingeweichten Getreidekörner mit der Einweichflüssigkeit und dem sauren Most knapp weich kochen (ca. 20 Minuten). Buchweizen, Sesam und Pfeffer dazugeben. Mit Flüssigkeit knapp bedeckt 10 Minuten weiterkochen. Kurz vor Garende salzen, dann vom Feuer nehmen und leicht auskühlen lassen.

Die Äpfel reiben und mit allen übrigen Zutaten in der Reihenfolge der Elemente unter das Getreide mischen.

Wirkung des Gerichts:

- Die TCM empfiehlt, Getreide nie roh zu essen (Frischschrot), sondern immer gekocht (oder gekeimt). Getreiderohkost ist schwer verdaulich und fördert die Feuchtigkeitsbildung (Schleim).
- Dieses Müesli ist trotzdem mässig befeuchtend (Rahm, Honig, Nüsse, Bananen). Bei Schleimproblematiken müssen diese Zutaten reduziert und mehr von den scharf-bitteren, warmen Zutaten zugefügt werden.
- Das famose Birchermüesli wird hier zu einem bekömmlichen und leicht verdaulichen 5-Elemente-Müesli.

Hirsepudding mit Mandarinen-Grapefruit-Salat

Für ca. 10 Portionen

1 Orange, mit weisser Haut abgeriebene Schale | Feuer
1 Prise Kurkuma | Feuer
2 Vanillestengel, aufgeschnitten | Erde
1 l frisch gepresster Mandarinensaft | Erde

250 g Hirsemehl oder Hirseflocken | Erde
1 Prise Pfeffer | Metall
2 Prisen Nelken- oder Zimtpulver | Metall
1 Prise Salz | Wasser
wenig kaltes Wasser | Wasser
1 TL Zitronensaft | Holz
2 Orangen oder Mandarinen, Schale (Zesten) | Feuer
50 g Holunderblütensirup | Erde
300 ml Rahm, steif geschlagen | Erde

Obstsalat:
einige eingelegte grüne Pfefferkörner | Metall
1 Prise Salz | Wasser
1 Orange, filetiert | Holz
2 Grapefruits, filetiert | Feuer
2–4 Mandarinen, filetiert | Erde
2 EL Akazienhonig | Erde
geröstete Pistazien als Garnitur | Erde

Orangenschale, Kurkuma und Vanillestengel im Mandarinensaft aufkochen. Die Vanillestengel entfernen.

Das Hirsemehl oder die Hirseflocken in einem Topf mit den Gewürzen und dem Wasser zu einem dicken Brei rühren. Den aromatisierten Mandarinensaft im Sturz dazugeben und kräftig rühren. 2–5 Minuten gut aufkochen lassen, dann vom Feuer nehmen und ausquellen lassen. Mit Folie bedeckt 4–5 Stunden kalt stellen.

Die Hirsemasse mit dem Rührwerk gut durchrühren. Zitronensaft, Orangenzesten und Holunderblütensirup darunter mischen. Den Schlagrahm sorgfältig darunter ziehen.

Für den Obstsalat alle Zutaten mischen. Fächerförmig auf Tellern anrichten und in die Mitte eine Kugel Hirsepudding setzen. Mit Pistazien garnieren.

Wirkung des Gerichts:

- Diese Nachspeise wirkt mit Honig, Sirup und Rahm als Zutaten (leider) eher befeuchtend – doch ist es eine feine Süssspeise mit lauter natürlichen Zutaten.
- Hirse ist süss und kühlend. Das Obst ist sauer bis bitter und kühl (erfrischend). Ein Gericht bei innerer Hitze.

Sommerzeit

Bewegung der Zeit	Yang im Yang – das grosse Yang Der Yang-Aspekt beherrscht die Zeit. Der Yin-Aspekt wirkt im Verborgenen.
TCM-Sommerzeit	Mitte Mai bis Mitte Juli
Signatur der Nahrungsmittel	Thermisch: kühlend Energetisch: Qi nach aussen entfaltend Konsistenz: saftig Feuerelement stärkend
Wahl der Nahrungsmittel	Saisongemüse/Sommerobst, vor allem Beeren, kühlende Getreide, kühlende Öle, kühlende Kräuter, Kaltwasserfische und kühlende Fleischgerichte
Ernährungsthematik	Wechsel von der leichten, bewegenden Frühlingsernährung zu einer kühlen, saftigen und hitzeausgleichenden Sommerernährung
Sommergerichte	schützen vor Hitze und bewahren die Körpersäfte.
Kochweise	Yiniserend, kühlend Rohkost und kurze Kochzeiten sind ideal für die Jahreszeit.
Geschmack	Alle 5 Geschmacksrichtungen
Rezeptvorschläge	Erfrischende und kalte Gemüsesuppen Kühlende Getreidegerichte mit kühlenden Zutaten Nudelgerichte Salate mit erfrischenden Dressings Kurz gedämpfte Gemüse mit erfrischenden Zutaten Gerichte mit Kaltwasserfischen Saftige Desserts mit kühlenden Kräutern Kräutertees mit Pfefferminze, Zitronenmelisse, Lavendel, Grüntee, Hibiskus, Hagebutten, Schwarztee, Himbeer-, Brombeerblättern u.a.

Avocadotartar

1 EL kaltgepresstes Sonnenblumenöl oder Avocadoöl | Erde
1 EL milder Senf | Metall
½ TL Korianderpulver | Metall
1–2 Knoblauchzehen, gepresst | Metall
einige Spritzer Worcestershiresauce | Metall
1 Bund Schnittlauch, fein geschnitten | Metall
½–1 TL Salz oder Kelpamare | Wasser
1 EL Zitronensaft | Holz
1 grosse Tomate, gehäutet, gewürfelt | Holz
wenig Liebstöckelblätter | Feuer
1 hart gekochtes Ei | Erde
1 gelbe Peperoni (Paprika), gewürfelt | Erde
2–3 reife Avocados | Erde

einige Salatblätter

Alle Zutaten, den Elementen folgend, mischen. Zuletzt das Avocadofleisch auslösen, würfeln und vorsichtig darunter mengen.

Teller mit einigen Salatblättern auslegen und das Tartar darauf anrichten.

Tip: Dazu passt Knoblauchbrot oder würziges Fladenbrot.

Wirkung des Gerichts:

- Kühlend und erfrischend.
- Avocado ist süss (fett), leicht bitter und kühlend. Diese birnenförmige Tropenfrucht, die botanisch zu den Lorbeergewächsen gehört, besitzt bis zu 30% ungesättigte Fettsäuren, aber kein Gramm Cholesterin. Sie eignet sich ausgezeichnet, um das Yin zu bewahren und vor Hitze (Yang) zu schützen, hilft bei Stress, Schlaflosigkeit und Nervosität – alles Folgen von zu viel innerer Hitze und Säftemangel.
- Kühlende Öle sind im Sommer ideal, um zur «schwebenden Energie» der Jahreszeit einen Gegenpol zu setzen.

Zucchini-Carpaccio

750 g junge Zucchini (grüne und gelbe) | Erde
3 EL Olivenöl | Erde
schwarzer Pfeffer aus der Mühle | Metall
Salz | Wasser
wenig Zitronensaft | Holz

50 g schwarze Oliven, fein geschnitten | Feuer
2–3 EL Pinienkerne, fein gehackt | Erde
1 Bund frischer Basilikum, fein geschnitten | Metall
100 g Parmesan, gerieben | Metall/Wasser

Die Zucchini waschen und ungeschält mit dem Hobel in Längsscheiben schneiden. Das Olivenöl erhitzen und die Zucchinischeiben darin auf beiden Seiten kurz anbraten. Fächerförmig auf eine grosse Platte legen. Mit Pfeffer und Salz würzen und mit Zitronensaft beträufeln.

Die übrigen Zutaten über die Zucchini verteilen und servieren. Nach Belieben mit gelb leuchtenden Zucchiniblüten garnieren.

Tip: Mit denselben Zutaten kann man auch eine Art Pestosauce machen und über die Zucchini verteilen.

Wirkung des Gerichts:

- Zucchini sind wesentlich wasserärmer als Gurken und deshalb weniger kühlend, obwohl sie botanisch zur selben Familie gehören (Kürbisgewächse, Curcubitae).
- Die Zutaten von meist mässig wärmender Thermik machen das Gericht nicht nur schmackhaft, sondern auch zu einer idealen Vorspeise an etwas kühleren Sommertagen.
- Zucchini sind süss, leicht bitter und leicht kühlend. Sie lassen sich vielseitig verwenden, von Suppen über Salate und Gemüse bis zu Kuchen. Ihre Blüten sind, ausgebacken in einem leichten Teig, als Aperitiv-Gebäck eine Delikatesse.
- Das Gelb der Blüten verrät ihren Inhaltsstoff: Bioflavonoide, die zusammen mit Vitamin C Grossartiges leisten (Entgiftungsfunktion).

Lachsmousse auf Portulak

Als Vorspeise oder leichtes Essen

4 Blatt Gelatine | Erde
1 EL frischer Dill | Metall
200 g Atlantik-Rauchlachs, klein geschnitten | Wasser
100 ml Sauerrahm | Holz
1 Prise Kerbelpulver | Feuer
100 ml Rahm | Erde
weisser Pfeffer | Metall
wenig Salz | Wasser
1 EL Zitronensaft | Holz
1 Prise Rosenpaprika | Feuer
100 ml Rahm, steif geschlagen | Erde

300 g frischer Portulak | Feuer

Sauce:
2 EL kaltgepresstes Öl | Erde
1 TL milder Senf | Metall
1 TL Kelpamare (Algen) | Wasser
1 EL Essig (z.B. Estragonessig) | Holz
1 Prise Kurkuma | Feuer

100 g Lachs, in Streifen geschnitten
Dill
frischer Meerrettich, gerieben

Die Gelatine in kaltes Wasser einlegen, ausdrücken und auf kleinem Feuer schmelzen. Zusammen mit den übrigen Zutaten (bis auf den Schlagrahm) zu einer feinen Masse pürieren. Den steif geschlagenen Rahm unter die Masse ziehen und zugedeckt mindestens 2 Stunden kalt stellen.

Den Portulak waschen, gut abtropfen lassen und mit der 5-Elemente-Salatsauce mischen. Den Salat auf grossen Salattellern verteilen, mit zwei Esslöffeln Nocken von der Lachsmousse abstechen und darauf anrichten.

Die Lachsstreifen über dem Salat verteilen und mit Dill und frischem Meerrettich bestreuen. Dazu leicht getoastetes Vollkornbrot reichen.

Wirkung des Gerichts:

- Mässig kühlend.
- Kaltwasserfische sind süss, leicht salzig und tonisieren das Nieren-Yin. Portulak ist bitter, süsslich und kühlend und gleicht Hitze aus. Dill und Meerrettich (wärmend) wirken ausgleichend, damit das Gericht nicht zu abkühlend wirkt.

Gurkensalat an Zitronen-Joghurt-Sauce

2–3 Salatgurken (Freiland) | Feuer

Sauce:
2 EL kaltgepresstes Sonnenblumenöl | Erde
1 EL Rosinen oder Korinthen | Erde
1 TL Senf | Metall
weisser Pfeffer | Metall
viel frischer Dill | Metall
1/2 TL Salz | Wasser
1 EL Zitronensaft | Holz
1 Becher (180 g) Joghurt nature | Holz
1/2 TL Mohnsamen | Feuer

1 rosa Grapefruit | Feuer

Die Gurken eventuell entkernen, grob würfeln.

Alle Zutaten zur Sauce, den Elementen folgend, mischen.

Die Grapefruit schälen und in Stücke schneiden, mit den gewürfelten Gurken mischen. Mit der Sauce vermengen. Nach Belieben mit Kapuzinerkresseblüten garnieren.

Wirkung des Gerichts:

- Ein sommerlich kühlender Salat. Gurken sind bitter, süss und kalt. Joghurt ist sauer, süss und kühlend. Zitronen sind sauer und kalt, und Grapefruits sind bitter, süss und kühlend.
- Gurken leiten Hitze aus, tonisieren die Körpersäfte, sind sehr wasserreich und besitzen viel kühlende Mineralien. Sie gehören zu den kalorienarmen Nahrungsmitteln, und ihre Bitterstoffe wirken anregend auf die Verdauung.
- Bitter und kalt ist die «Medizin» bei sommerlicher Hitze, aber auch bei inneren Hitzeproblemen.
- Mohnsamen sind bitter, scharf und adstringierend, neutral bis kühlend; sie wirken verdauungsfördernd und blähungstreibend.
- Die gelb, orange und rot leuchtenden Blüten der Kapuzinerkresse passen zur Sommerzeit. Sie bringen Licht und Wärme und durchleuchten und durchwärmen jene Bereiche, die feucht und dunkel sind, z.B. im Verdauungstrakt, dem Nährboden für Pilze (Candida). Ausserdem sind diese Blüten reich an Vitamin C.

Buchweizensalat mit Fetakäse

300 g Buchweizen | Feuer/Erde

Salatsauce:
3 EL kaltgepresstes Olivenöl | Erde
2–3 Knoblauchzehen, gepresst | Metall
2 TL grobkörniger Senf | Metall
Pfeffer aus der Mühle | Metall
2 EL frische Pfefferminzblätter, fein geschnitten | Metall
1 TL Salz | Wasser
1 Becher (180 g) Bifidus-Joghurt oder Sauerrahm | Holz
2 EL milder Essig | Holz
1 EL Zitronenmelisse, fein geschnitten | Holz

3 Fleischtomaten, grob gewürfelt | Holz
300 g Fetakäse, grob gewürfelt | Feuer

Den Buchweizen heiss abspülen und in rund 1,2 Liter Wasser 10 Minuten vorkochen (nicht zu lange kochen, sonst entsteht ein Brei). Kurz vor Garende leicht salzen. In ein Sieb geben, kurz kalt abspülen und abtropfen lassen.

Alle Zutaten zur Salatsauce in der Reihenfolge der Elemente mischen und mit dem Buchweizen vermengen. Tomaten und Fetakäse dazugeben und mit einigen Pfefferminzblättern garnieren.

Wirkung des Gerichts:

- Kühlt bei Sommerhitze.
- Buchweizen ist kein Getreide, sondern ein Busch aus der Familie der Knöterichgewächse, botanisch verwandt mit Rhabarber und Sauerampfer. Ursprünglich in Nepal und in ganz Asien heimisch, ist er auch bei uns zu einem geschätzten Nahrungsmittel geworden.
- Buchweizen ist süss, leicht bitter und thermisch neutral. Er tonisiert Milz und Herz, stärkt die Blutgefässe (Venen), wirkt entgiftend, durchblutungsfördernd, antioxidativ, antiviral, antikanzerogen.
- Übrigens, auch geröstet (ohne Fett) schmeckt er hervorragend, z.B. als Frühstücks-«Getreide».

Taboule

400 g Bulgur (geschroteter Hartweizen) | Erde
weisser Pfeffer | Metall
½ l kräftige Gemüsebouillon, warm | Wasser

4 grosse Fleischtomaten, in Würfel geschnitten | Holz
150 g Ziegen- oder Schafskäse, in grosse Würfel geschnitten | Feuer
2 Karotten, klein geschnitten | Erde
1 Zwiebel, ganz fein geschnitten | Metall
2 Zweige Pfefferminze, grob geschnitten | Metall
wenig Salz | Wasser
1 Zitrone, Saft | Holz
2 Salatgurken (Nostrano), in Würfel geschnitten | Feuer
2–3 EL kaltgepresstes Öl | Erde
1 Bund glatte Petersilie, fein geschnitten | Metall

Den Bulgur mit wenig weissem Pfeffer mischen, mit der warmen Bouillon übergiessen und 30 Minuten quellen lassen.

In der Zwischenzeit alle übrigen Salatzutaten vorbereiten, mit dem gequollenen Bulgur mischen und 3 Stunden an einem kühlen Ort ziehen lassen. Vor dem Servieren nochmals gut durchmischen. Nach Belieben mit Zitronenscheiben und einigen Pfefferminzblättern garnieren.

Tip: Den Ziegen- oder Schafskäse kann man weglassen und an seiner Stelle ein Bittergewürz verwenden.

Wirkung des Gerichts:

- Sehr erfrischend und kühlend – ideal für heisse Sommertage.
- Weizen ist süss und kühlend, er tonisiert Qi und Yin. Er kann innere Hitze ausleiten, ohne die Körpersäfte auszutrocknen. Er hilft bei geistiger Unruhe, Gereiztheit und Schlaflosigkeit.
- Dem Gericht sind weitere kühlende/kalte Zutaten beigefügt wie Tomaten, Gurken, Zitrone, Pfefferminze; ausserdem wird es kalt serviert, wodurch seine Wirkung yinisierend verstärkt wird.

Kalte Melonensuppe

1 vollreife Honigmelone | Erde
200 ml Weisswein | Metall
weisser Pfeffer | Metall
200 ml Gemüsebouillon, aufgekocht und ausgekühlt | Wasser
2 EL Zitronensaft | Holz
3 EL Sauerrahm | Holz
2 EL Portwein | Feuer

Die Melone halbieren, entkernen, mit dem Kugellöffel 10–12 kleine Kugeln ausstechen und zur Seite stellen. Das restliche Fruchtfleisch aus der Schale lösen, zusammen mit den übrigen Zutaten pürieren und 2 Stunden kalt stellen.

Die Suppe in Suppenschalen giessen, die Melonenkugeln hineingeben und mit Minzenblättchen garnieren.

Wirkung des Gerichts:

- Kühlend bis kalt.
- Melonen sind süss und kühlend. Mit Zitronensaft, Sauerrahm und Weisswein wird die Suppe noch kühlender, während der Portwein die stark kühlende Wirkung etwas aufhebt. Dennoch: eine Suppe für wirklich heisse Sommertage.
- Melonen enthalten viel kühlende Mineralstoffe sowie Zuckerstoffe und Bitterstoffe und natürlich viel Wasser – alles, was es im Sommer braucht, um das Yin zu bewahren und das Yang zu schützen.

Limonensuppe

40 g Butter | Erde
2 zarte Karotten, gerieben | Erde
1 Stengel Stangensellerie mit dem Grün, fein geschnitten | Erde
3 Frühlingszwiebeln oder Schalotten, fein geschnitten | Metall
800 ml würzige Gemüsebouillon | Wasser
3 EL Limonensaft | Holz
3 Limonen, abgeriebene Schale | Feuer
1 Prise Rosenpaprika | Feuer

3 Eigelb | Erde
200 ml Rahm, leicht geschlagen | Erde
Pfeffer aus der Mühle | Metall
wenig Salz | Wasser
Limonensaft zum Abschmecken | Holz

Die Butter erwärmen, das Gemüse darin andämpfen, mit der Bouillon ablöschen. Den Limonensaft hinzufügen, die Limonenschale direkt hineinreiben und mit Paprika abschmecken. 10 Minuten köcheln lassen, dann vom Herd nehmen.

Die Eigelbe aufschlagen und in die Suppe geben. Schlagrahm, Pfeffer und Salz mit dem Schwingbesen unterrühren und mit so viel Limonensaft abschmecken, bis die Suppe angenehm säuerlich schmeckt.

Wirkung des Gerichts:

- Kühlend und erfrischend – eine ideale Sommersuppe, um die Körpersafte zu bewahren und in einem sehr heissen Sommer die Hitze auszugleichen.
- Limone und Zitrone sind sauer (adstringierend) und kalt. Sie durchlichten den Stoffwechsel dort, wo es trübe und dunkel ist, z.B. im Umfeld der Bakterien und Viren, und wirken dort antibakteriell. Sie helfen bei Entzündungen, ziehen das Gewebe zusammen, bauen Ablagerungen ab und helfen bei «hitzigen» Problemen, auch bei Fieberkrankheiten.
- Warmes Zitronenwasser mit wenig Salz regt die Magensäfte an und leistet als «Aperitif» vor Fleischgerichten wertvolle Verdauungshilfe (Eiweissverdauung, Magen).

Kalte Peperonisuppe

Je 2 rote, gelbe und grüne Peperoni (Paprika), halbiert und entkernt | Erde
1 TL Madrascurry | Metall
600 ml Gemüsebouillon | Wasser

Grünes Peperonipüree:
2 EL Bifidusjoghurt | Holz
1 Msp. Rosmarinpulver | Feuer
50 ml Buttermilch | Erde
wenig weisser Pfeffer | Metall
wenig Salz | Wasser
wenig Ananassaft | Holz

Gelbes Peperonipüree:
2 EL Bifidusjoghurt | Holz
1 Msp. Kurkuma | Feuer
50 ml Buttermilch | Erde
1 Msp. Muskatnuss | Metall
wenig Salz | Wasser
wenig Ananassaft | Holz

Rotes Peperonipüree:
2 EL Sauerrahm oder Bifidus | Holz
1 Msp. Rosenpaprika | Feuer
50 ml Buttermilch | Erde
1 Msp. Chili | Metall
wenig Salz | Wasser
wenig Ananassaft | Holz

Die Peperoni zusammen mit dem Curry in der Bouillon weich kochen. Nach Farben getrennt mit je einem Drittel des Kochsuds pürieren, kalt stellen.

Die Pürees nach Farben getrennt mit den angegebenen Zutaten vermischen. Vorsichtig in Suppenteller giessen und garnieren: auf das gelbe Püree geröstete Pinienkerne, auf das rote Sauerrahm und auf das grüne Minzenblättchen.

Wirkung des Gerichts:

- Kühlend und die Körpersäfte vor Hitze schützend.
- Gemüsepaprika ist reich an kühlendem Vitamin C und stellt darin sogar die Zitrone in den Schatten.

Auberginengemüse mit Sojamilch

400 g Auberginen, in 1 cm dicke Scheiben geschnitten | Erde
3 EL Olivenöl | Erde
2 Knoblauchzehen, gehackt | Metall
1 Zwiebel, geschnitten | Metall
1 grüne Chilischote, entkernt, fein geschnitten | Metall
1 EL frisch geriebene Ingwerwurzel | Metall
wenig Salz | Wasser
300 g vollreife Tomaten, gehäutet, entkernt und in 1 1/2 cm dicke Scheiben geschnitten | Holz
Oregano, frisch oder getrocknet | Feuer
angebratene Auberginenscheiben | Erde
1 Prise Zucker | Erde
schwarzer Pfeffer | Metall
wenig Salz | Wasser
1/2 TL Zitronensaft | Holz
1/2 TL Kurkuma | Feuer
100 ml süsse Sojamilch | Erde

Von den Auberginenscheiben die Feuchtigkeit abtupfen, in 2 Esslöffeln heissem Öl auf beiden Seiten anbraten, aus der Pfanne nehmen und beiseite stellen.

Die Hitze reduzieren, nochmals 1 Esslöffel Öl nachgiessen und lagenweise Knoblauch, Zwiebel, Chili, Ingwer, Salz und Tomaten hineingeben. Mit Oregano bestreuen, die angebratenen Auberginenscheiben und alle übrigen Zutaten dazugeben und das Gemüse bei schwacher Hitze 15 Minuten zugedeckt garen lassen.

Wirkung des Gerichts:

- Auberginen sind leicht süss, leicht bitter und kühlend, Tomaten sind säuerlich, süss und kalt, in Sojamilch (süss und kühlend) und im Saft gegart (yinisiert) wird daraus ein sommerliches Gericht.
- Auberginen, ein Nachtschattengewächs, können auch äusserlich angewendet werden: als Brei bei Furunkeln und Entzündungen (feuchte Hitze). Und was die Auberginen äusserlich können, tun sie auch innerlich: sie leiten feuchte Hitze aus, verflüssigen zähen Schleim und wirken entzündungshemmend.

Stangensellerie mit Tofu überbacken

800 g Stangensellerie | Erde

Guss:
3 Eigelb | Erde
weisser Pfeffer | Metall
100 g scharfer Käse (Sbrinz), gerieben | Metall/Wasser
wenig Salz oder 1 EL Miso | Wasser
1 Becher (180 g) Sauerrahm | Holz
2 EL (französische) Kräutermischung | Feuer
3–4 EL Sellerieblätter, fein geschnitten | Feuer
250 g Tofu, grob gerieben | Erde

3 Eiweiss, steif geschlagen | Metall

Den Sellerie von den Blättern befreien, waschen, in 5 cm lange Stücke schneiden und über Dampf knapp weich garen.

Alle Zutaten der Reihe nach zum Guss mischen, den Eischnee darunter ziehen.

Eine Gratinform mit Öl auspinseln, den Sellerie hineingeben, mit dem Guss bedecken und rund 30 Minuten bei 200 Grad im Ofen überbacken.

Wirkung des Gerichts:

- Sellerie ist süss, leicht bitter und kühlend. Überbacken, das heisst yangisiert, verändert sich die Thermik zu neutral bis warm. Die Zutaten und die Kochweise sind ausschlaggebend für die Wirkungsweise eines Gerichts.
- Sellerie kühlt, roh oder als Saft genossen, bei innerer Hitzeproblematik, hilft bei Schlafstörungen durch sogenannte Herz-Blutleere, die im Sommer bei Säfteverlust durch übermässiges Schwitzen auftreten kann.
- Stauden- und Knollensellerie, die zur selben Familie gehören, enthalten insulinähnliche Stoffe und unterstützen die Bauchspeicheldrüse, die Nebennieren, das Nervensystem und den gesamten Stoffwechsel. Die grünen Blätter sind eine wahre «Medizin»; sie sind reich an Mineralstoffen und besitzen ein Vielfaches der in Milch enthaltenen Kalziummenge.

Vitello tonnato

Für 5–6 Personen

1 kg Kalbfleisch (Nuss) | Erde

Sud:

2 Sardellenfilets, fein gehackt | Metall
1 kleine Zwiebel | Metall
1 Lorbeerblatt | Metall
1–2 Knoblauchzehen, gehackt | Metall
600 ml Hühnerbouillon | Wasser
1 EL saurer Most | Holz
wenig Kerbel | Feuer
1–2 Karotten, grob geschnitten | Erde
einige Pfefferkörner | Metall

Sauce:

150 g Thunfisch (Dose), abgegossen | Wasser
1 Zitrone, Saft | Holz
3 EL Kapern | Holz
1 Becher (180 g) Sauerrahm | Holz
wenig Kurkuma | Feuer
1 EL kaltgepresstes Maiskeimöl | Erde
5 Sardellenfilets, mit der Gabel zerdrückt | Metall
1 TL Senf | Metall

Alle Zutaten zum Sud mischen, aufkochen, das Fleisch hineingeben und 1½ Stunden köcheln lassen (Schaum abschöpfen). Das Fleisch auskühlen lassen, in dünne Scheiben schneiden und auf einer Platte auslegen.

Alle Zutaten zur Sauce der Reihe nach im Mixer zu einer dicklichen Sauce rühren, falls nötig mit etwas Sud verdünnen. Über das Fleisch verteilen und nochmals kalt stellen.

Wirkung des Gerichts:

- Rind- und Kalbfleisch stärken Qi und Yang des mittleren Erwärmers. In dieser Weise zubereitet und kalt serviert, ist es ideal für die Sommerzeit, tonisiert aber nur noch das Qi und weniger das Yang, da es kalt gegessen wird.
- Fleischgerichte sind bei allgemeiner Erschöpfung, Blutarmut und Substanzverlust durch erschöpfende Tätigkeiten auch im Sommer richtig – man wähle dann eine kühlende Zubereitungsweise.

Tofuragout provençal

300 g biologischer Tofu | Erde

Marinade:

3 Knoblauchzehen, gepresst | Metall
1 EL Gemüsebouillon, in wenig Wasser aufgelöst | Wasser
2 EL Zitronensaft | Holz
1 EL frischer Rosmarin, fein gehackt | Feuer
2 EL Birnendicksaft (Birnel) oder Akazienhonig | Erde
1 TL frisch geriebene Ingwerwurzel | Metall
2 EL Sojasauce | Wasser
1 EL Hoisinsauce | Holz
1 EL französische Kräutermischung | Feuer

Olivenöl | Erde
mässig schwarzer Pfeffer | Metall
½ TL Salz | Wasser
400 g Tomaten, entkernt und gewürfelt | Holz
8–12 schwarze Oliven, entsteint | Feuer
400 g Auberginen, klein geschnitten | Erde
250 g Zucchini, klein geschnitten | Erde

Den Tofu in 2 cm breite Streifen schneiden. Alle Zutaten zur Marinade, den Elementen folgend, verrühren und den Tofu darin ½–1 Stunde marinieren.

In der Zwischenzeit im Wok oder in einer tiefen Bratpfanne 2 Esslöffel Öl erwärmen, Pfeffer und Salz hineingeben und dann alles Gemüse unter schnellem Wenden bei hoher Hitze anbraten. Herausnehmen und warm stellen.

Nochmals 1–2 Esslöffel Öl erhitzen und den marinierten Tofu ebenfalls bei hoher Hitze unter schnellem Wenden anbraten. Mit der Marinade begiessen und 2 Minuten garen lassen. Tofu und Gemüse gemischt oder separat servieren.

Wirkung des Gerichts:

- Neutral.
- Tofu ist süss, kühlend und befeuchtend. Tomaten, Auberginen und Zucchini unterstützen die kühlende Wirkung; durch Knoblauch, Ingwer, Pfeffer und Kräuter wird die kühlende Wirkung neutralisiert. Deshalb passt dieses Gericht, wenn der Sommer nicht sehr heiss ist und man trotzdem nicht auf Sommergemüse verzichten will.

Risotto mit Rucola

1 EL Maiskeimöl | Erde
1 grosse Zwiebel, fein geschnitten | Metall
2 Knoblauchzehen, gehackt | Metall
einige eingelegte grüne Pfefferkörner | Metall
400 g Risottoreis | Metall
200 ml Weisswein | Metall
1 l kräftige Gemüsebouillon | Wasser

1 EL Zitronensaft | Holz
2 Bund frische Rucola, fein geschnitten | Feuer
wenig abgeriebene Zitronenschale | Feuer
1–2 Prisen Kurkuma | Feuer
50 g kalte Butter | Erde

nach Belieben geriebener Parmesan | Metall/Wasser

Das Öl erhitzen, Zwiebel und Knoblauch darin andämpfen. Einige eingelegte grüne Pfefferkörner und den Reis dazugeben und mitdünsten, bis er glasig wird. Mit dem Weisswein ablöschen und nach und nach die Bouillon dazugiessen.

Kurz vor Garende (nach etwa 17 Minuten Kochzeit) Zitronensaft, Rucola, Zitronenschale und Kurkuma unter den Risotto mischen und die kalte Butter in Stückchen darunter ziehen. Nach Belieben mit Parmesan servieren.

Wirkung des Gerichts:

- Reis ist sowohl Nahrungsmittel wie Heilmittel. In Form eines Rezepts kann er wie im obigen Gericht das Qi der Mitte stärken oder als Rezeptur zusammen mit wenig Kräutersalz bei Sommerdurchfall (feuchte Hitze im Darm) helfen. Er wirkt entgiftend und leitet üble Körpersäfte aus.
- Rucola ist scharf bis bitter und thermisch neutral. Mit ihrer Blattform gleicht sie dem Löwenzahn, im Geschmack der Kresse. Rucola ist reich an Senfölen und Vitamin C. Lässt man Rucola blühen, entwickelt sie in den Samen reichlich Öl – daher auch der Name «Ölrauke».

Ravioli mit Kerbel

Teig:

250 g Weizenmehl | Erde/Holz
2 Eier | Erde
1 EL Olivenöl | Erde
1 Prise Pfeffer | Metall
½ TL Salz | Wasser
1 EL Brottrunk | Holz
2 EL frischer Kerbel, fein gewiegt | Feuer

Füllung:

25 g Sonnenblumenkerne | Erde
1 Ei | Erde
50 g milder Käse (Gouda, Tilsiter), gerieben | Erde
schwarzer Pfeffer aus der Mühle | Metall
wenig Salz | Wasser
2 EL Sauerrahm | Holz
125 g Quark | Holz
4 EL frischer Kerbel, fein geschnitten | Feuer

Alle Teigzutaten mischen, zu einem Teig verarbeiten und 30 Minuten ruhen lassen. Dann auswallen und Rondellen von 8 cm Durchmesser ausstechen.

Die Sonnenblumenkerne anrösten, auskühlen lassen und fein hacken. Mit allen übrigen Zutaten zur Füllung vermischen und je 1 Esslöffel davon in die Mitte der Teigrondellen geben. Die Ränder mit Wasser bepinseln, mit jeweils einer zweiten Teigrondelle bedecken und mit einer Gabel am Rand entlang festdrücken.

In kochendem, leicht gesalzenem Wasser 4–5 Minuten ziehen lassen. Anrichten und nach Belieben mit leicht erwärmter Butter und geriebenem Parmesan servieren.

Wirkung des Gerichts:

- Weizen ist süss und kühlend, Kerbel bitter bis leicht süss und neutral bis kühlend.
- Je stärker ausgemahlen das Mehl ist, desto befeuchtender wirkt es und desto mehr verlangt es nach bitteren und trocknenden Kräutern, damit es nicht zu unerwünschter Feuchtigkeitsansammlung kommt. Da neben dem Mehl auch Eier, Quark und Käse feuchtigkeitsbildend wirken, den Kerbel nicht zu sparsam verwenden!

Pikantes Nudelgericht mit Schweinshuft

Für 6 Personen

400 g Schweinshuft | Wasser

Marinade:
3 EL Sojasauce | Wasser
1 EL Hoisinsauce | Holz
½ TL Kurkuma | Feuer
1 Prise Zucker | Erde
1 grosse Knoblauchzehe, gepresst | Metall
1 TL scharfer Curry | Metall

300 g ganz feine Weizennudeln | Erde

Gemüse:
2 grosse Krachsalate, fein geschnitten | Feuer
300 g Champignons, geputzt, fein geschnitten | Erde
350 g junge Zucchini, in 5 cm lange Stäbchen geschnitten | Erde
1 gelbe Peperoni (Paprika), fein geschnitten | Erde
1 grosse Zwiebel, grob geschnitten | Metall
1 Peperoncino, ganz fein geschnitten | Metall

3–4 EL Traubenkernöl | Erde
Currypulver | Metall
Sojasauce | Wasser

Das Fleisch quer zur Faser in sehr dünne Streifen schneiden. Alle Zutaten zur Marinade mischen, das Fleisch gründlich damit vermengen und 20–30 Minuten marinieren.

In der Zwischenzeit die Nudeln in reichlich Salzwasser vorkochen, abgiessen und kalt abspülen.

Im Wok oder in einer tiefen Bratpfanne 1 Esslöffel Öl stark erhitzen, die Hälfte des Fleisches darin kurz anbraten, herausnehmen, dann die zweite Hälfte anbraten, warm stellen. Nochmals 1–2 Esslöffel Öl zugeben und das Gemüse darin 2–4 Minuten unter Wenden anbraten, herausnehmen. Erneut 1 Esslöffel Öl erhitzen, Salat und Champignons hineingeben und unter Wenden andämpfen, bis sie zusammenfallen, herausnehmen.

Fleisch, Nudeln, Gemüse und die Champignon-Salat-Mischung lagenweise zurück in die Pfanne geben, mit mässig Currypulver und reichlich Sojasauce pikant würzen. Mit zwei grossen Gabeln locker mischen und nochmals gut durchwärmen. Das Gericht direkt im Wok auf den Tisch bringen.

Wirkung des Gerichts:

- Schweinefleisch ist süss bis leicht salzig und kühlend.
- Je schärfer gewürzt, desto wärmer wird das Gericht.

Fruchtsalat nach den 5 Elementen

Säuerliche Äpfel | Holz
Ananas, frisch | Holz
Kiwis | Holz
Zitronensaft | Holz
rosa Grapefruits | Feuer
Erdbeeren | Erde
Honigmelone | Erde
Bananen | Erde
Papaya | Erde

1 Prise Cayennepfeffer | Metall
1 Prise Nelkenpulver | Metall
einige eingelegte grüne Pfefferkörner | Metall
1–2 Prisen Salz | Wasser
wenig Orangensaft | Holz
3–4 EL Campari | Feuer
Ahornsirup oder Birnendicksaft (Birnel) | Erde
Zimtpulver | Erde
nach Belieben geröstete Nüsse | Erde

Die Früchte nach Belieben wählen, klein schneiden und mit allen übrigen Zutaten mischen.

Wirkung des Gerichts:

- Saftig, erfrischend und kühlend.
- Obst ist von kühlender, Südfrüchte oft von kältender Thermik. Mit Alkohol, Pfeffer, Nelken und Zimt kann die Kälte neutralisiert werden.

Lavendelparfait

Für ca. 10 Portionen – für Gäste oder auf Vorrat

2 ½ Blatt Gelatine | Erde

4 EL Lavendelblüten | Feuer
75 g Zucker | Erde
800 ml Weisswein | Metall
1 Prise Salz | Wasser
1 Limone, Saft | Holz
wenige Tropfen Lavendelöl | Feuer
8 Eigelb | Erde
¼ l Rahm, steif geschlagen | Erde

75 g Zucker | Erde
5 Eiweiss | Metall

Die Gelatine in kaltem Wasser einweichen.

Die Lavendelblüten mit dem Zucker im Weisswein aufkochen und 30 Minuten ziehen lassen, absieben und den Sud zurück in den Topf geben. Salz, Limonensaft und Lavendelöl hinzufügen und die Eigelbe in den warmen Sud schlagen. Die Gelatine ausdrücken und unter Rühren darin auflösen. Im kalten Wasserbad weiterschlagen und auskühlen lassen. Den steif geschlagenen Rahm darunter ziehen.

Das Eiweiss steif schlagen, dabei den Zucker langsam einrieseln lassen, bis die Masse glänzend wird. Gründlich, aber sanft unter die Parfaitmasse mischen, in Förmchen füllen und 4–5 Stunden gefrieren. Anrichten und mit frischen Lavendelblüten garnieren.

Wirkung des Gerichts:

- Kältend und befeuchtend.
- Eine schöne Art, die Blüten der Natur in einer Süssigkeit einzufangen. Lavendel mit seinem unverkennbar würzigen Aroma schmeckt zweimal – aromatisch (bitter bis scharf) und kühlend auf der Zunge und in der Nase würzig-wohlriechend dank seinem reichen Gehalt an ätherischen Ölen.

Maispudding mit Aprikosensauce

20 g Butter | Erde
80 g Maisgriess (ganz fein gemahlener Mais) | Erde
200 ml Milch | Erde
30 g Zucker | Erde
2 Eigelb | Erde

½ TL Zitronensaft | Holz
250 g Quark | Holz
1 TL abgeriebene Zitronenschale | Feuer
1 TL Puderzucker | Erde
2 Eiweiss | Metall
1 Prise Salz | Wasser

Aprikosensauce:
150 g vollreife Aprikosen | Erde
40 g Zucker | Erde
4 EL Aprikosen-Brandy | Metall/Erde
wenig Wasser | Wasser
2 EL Zitronensaft | Holz

Die Butter in einem Topf schmelzen, den Maisgriess darin 3–4 Minuten andünsten, ohne Farbe annehmen zu lassen. Milch und Zucker dazugeben und 2 Minuten köcheln lassen, dann vom Herd ziehen. Die Eigelbe schnell in die Masse einarbeiten. Abkühlen lassen.

Den Zitronensaft mit dem Quark und der abgeriebenen Zitronenschale mischen. Das Eiweiss mit Puderzucker und Salz steif schlagen und unter den Quark ziehen. Die Quarkmasse unter den abgekühlten Mais mischen, in 4–5 ausgebutterte Förmchen füllen und 30–40 Minuten im Wasserbad bei 200 Grad im Ofen backen.

In der Zwischenzeit für die Aprikosensauce alle Zutaten zusammen kurz aufkochen und pürieren.

Die Puddings auf Teller stürzen, mit Sauce überziehen und nach Belieben mit gerösteten Pinienkernen garnieren.

Wirkung des Gerichts:

- Diese Süssspeise wirkt mässig befeuchtend (durch Zucker, Quark, Butter) und hat, da sie warm gegessen wird, keine so stark abkühlende Eigenschaft wie viele andere süsse Desserts (z. B. Eiscreme).

Lavendelparfait

Herbstzeit

Bewegung der Zeit	Yin im Yang – das kleine Yin Der Yang-Aspekt nimmt ab, die Farben der Natur verblassen, und der Yin-Aspekt nimmt zu, es wird dunkler, kühler, und die Regenzeit setzt ein.
TCM-Herbstzeit	Mitte August bis Mitte Oktober
Signatur der Nahrungsmittel	Thermisch: wärmend Energetisch: sammelnd Konsistenz: trocknend Metallelement stärkend
Wahl der Nahrungsmittel	Saisongemüse, Herbstobst, wärmende Getreide, Kastanien, Wildfleisch, wärmende Kräuter
Ernährungsthematik	Wechsel von der saftigen, kühlenden Sommerernährung zur Herbsternährung, die vor Nässe und Kühle schützt
Geschmack	Alle 5 Geschmacksrichtungen
Kochweise	Yangisierend, erwärmend Backen ist ideal für die Jahreszeit.
Herbstgerichte	schützen vor Nässe und Kühle und helfen, die Abwehrkraft (Wei-Qi) zu sammeln.
Rezeptvorschläge	Wärmende Suppen mit Herbstgemüsen Wärmende Getreidegerichte Herbstgemüse gebacken Herbstliche Salate mit wärmenden Zutaten Wildfleischgerichte Pilzgerichte Kastanien- und Kürbisgerichte Warme Desserts mit wärmenden Gewürzen Kräutertees mit Rosmarin, Thymian, Salbei, Fenchelsamen, Süssholz, Kardamom, Wacholder, Kümmel u.a.

Herbstsalat

1 säuerlicher Apfel (Gravensteiner) | Holz
½ Friséesalat, zerpfückt | Feuer
300 g zarter Stangensellerie, fein geschnitten | Feuer
einige blaue Traubenbeeren, evtl. halbiert | Erde
200 g Lauch, fein geschnitten | Metall

Sauce:
1 TL scharfer Senf | Metall
1 TL geriebener Meerrettich | Metall
½ TL Meersalz | Wasser
2 EL Balsamicoessig | Holz
wenig Rosenpaprika | Feuer
einige zarte Sellerieblätter, fein geschnitten | Feuer
50 g Baumnüsse, grob gehackt | Erde
3 EL Nussöl | Erde
3–4 EL Rahm | Erde

Alle Zutaten in der Reihenfolge der Elemente zur Sauce mischen und mit dem Salat vermengen.

Wirkung des Gerichts:

- Obwohl dieser Salat roh genossen wird, hat er durch seine Zutaten zwar eine erfrischende, nicht aber kältende Wirkung. Rohe Salate im Herbst und wenn es draussen kühl ist, mit wärmenden Gewürzen, wärmenden Ölen und Rotweinessig zubereiten.
- Die scharf-warmen Zutaten verhindern, dass im mittleren Erwärmer (Magen, Milz) Kälte entsteht und dadurch das Yang (Verdauungsfeuer) abgesenkt wird.

Warmer Randensalat

1 EL Öl | Erde
2 Zwiebeln, geschnitten | Metall
100 ml Gemüsebouillon | Wasser
1 EL Rotweinessig | Holz
600 g rohe Randen (rote Bete), geschält und in 1½ cm dicke Scheiben geschnitten, die zarten Blätter fein geschnitten | Feuer

Sauce:
fein geschnittene Randenblätter | Feuer
wenig Vollrohrzucker | Erde
schwarzer Pfeffer | Metall
1 EL Dill, fein geschnitten | Metall
5–6 EL Kochsud | Wasser
wenig Meersalz | Wasser
½–1 Becher (100–180 g) Sauerrahm | Holz

Das Öl in einer Pfanne erhitzen, die Zwiebeln darin andämpfen, mit Bouillon und Essig ablöschen und die Randen darin 10–15 Minuten köcheln lassen. Mit der Schaumkelle aus dem Sud nehmen und fächerförmig auf einer Platte anrichten.

Für die Sauce alle Zutaten mischen und über die Randen giessen. (Der restliche Sud kann auch getrunken werden.)

Wirkung des Gerichts:

- Randen sind bitter bis süss und neutral bis kühlend.
- Sie reinigen das Blut und leiten Gifte aus und sollen gemäss der Volksmedizin wahre Wunder vollbringen. Auf alle Fälle sind sie sehr reich an basischen Mineralstoffen, vor allem in den Blättern. Ihre rote Farbe zeigt den Bezug zum Blut und zum Feuerelement: sie stärken das Herzblut, kühlen die toxische Hitze im Blut, nähren das Blut, kurz, sie sind das angezeigte Mittel bei allen Blutkrankheiten.
- Mit ihren wertvollen Inhaltsstoffen wirken sie bis in die Zellen entgiftend, verbessern die Zellatmung und schützen mit ihren Bioflavonoiden das Immunsystem. Ihre Blätter enthalten wertvolle Stoffe, die nicht einfach auf dem Kompost enden sollten.

Kürbis-Most-Suppe

1 Kürbis von oranger Farbe

2 EL Kürbiskernöl | Erde
2 Zwiebeln, geschnitten | Metall
2 EL Gemüsebouillon | Wasser
200 ml saurer Most (Apfelwein) | Holz
½ TL Kurkuma | Feuer
600–700 g Kürbisfleisch, grob gewürfelt | Erde
mässig schwarzer Pfeffer aus der Mühle | Metall
2 Msp. Muskatnuss | Metall
400 ml warmes Wasser | Wasser

1½ Becher (270 g) Sauerrahm | Holz
1 EL Kerbel, fein geschnitten | Feuer
1–2 EL Kürbiskerne, angeröstet | Erde

Den Kürbis aushöhlen und beiseite stellen.

Das Öl erhitzen und die Zwiebeln darin andämpfen. Mit Gemüsebouillon und Most ablöschen, Kurkuma und das Kürbisfleisch dazugeben, mit Pfeffer und Muskatnuss würzen und das Wasser dazugiessen. So lange köcheln, bis das Kürbisfleisch weich ist, mit dem Stabmixer pürieren.

Den Sauerrahm und den Kerbel darunter ziehen und mit den Kürbiskernen bestreuen. In den ausgehöhlten Kürbis giessen und mit Kürbisblüten garnieren.

Wirkung des Gerichts:

- Kürbis ist süss und neutral bis warm. Er tonisiert die Säfte und das Blut, ist also ein Yin- und Blut-Tonic.
- Mit Sauerrahm und Apfelwein wird diese Suppe nicht so schwer wie mit Vollrahm.
- Kürbis braucht viel Wärme, um zu gedeihen. Mit seiner gelb-orangen Farbe verrät er seinen hohen Anteil an Beta-Caroten (Vitamin A, Hautschutz), und seine begehrten Inhaltsstoffe – Natrium, Kalium, Magnesium und Kalzium – machen ihn zum willkommenen Säure-Neutralisierer.
- Kürbiskerne sind süss, leicht bitter und thermisch neutral. Sie sollen Prostataleiden und Blasenschwäche aufgrund eines verminderten Muskeltonus (ungewolltes Wasserlassen) entgegenwirken. Die Inhaltsstoffe der Kürbiskerne stärken den Tonus der «Wasser-Organe» und erleichtern die Harnentleerung (bei Mann und Frau). Kürbiskerne enthalten sehr viel Zink, ein äusserst wichtiges Spurenelement, unter anderem für die Nebennieren und für die Aktivierung der Enzyme.

Dinkelschrotsuppe mit Lauch

1 EL Maiskeimöl | Erde
4–5 EL Dinkelschrot | Erde/ Holz
3 Stangen Lauch (mit Grün), fein geschnitten | Metall
1 EL geriebener Ingwer | Metall
schwarzer Pfeffer aus der Mühle | Metall
2–3 Knoblauchzehen, gepresst | Metall
3 EL Miso | Wasser
wenig Salz | Wasser
1–2 EL Buchweizen | Feuer
5–10 entsteinte Datteln, klein geschnitten | Erde
3 Lorbeerblätter | Metall
2 l warmes Wasser | Wasser

Das Öl erhitzen und darin alles, den Elementen folgend, bis und mit Buchweizen leicht anrösten.

Datteln und Lorbeerblätter dazugeben und mit dem Wasser ablöschen. Etwa eine ¾ Stunde kochen lassen.

Wirkung des Gerichts:

- Diese Suppe schützt vor Nässe und Kälte.
- Lauch ist scharf, gekocht leicht süss und warm. Der scharfe Geschmack rührt vom hohen Anteil an ätherischem Öl her. Zudem ist Lauch reich an Mineralstoffen, Faserstoffen und Pflanzenschleimstoffen. Lauch wird oft überdüngt, was zu Blähungen führen kann – glücklich all jene, die einen Garten besitzen und selbst entscheiden können, was sie ihrem Gemüse zumuten wollen.
- Dinkel ist süss und warm und wirkt tonisierend auf Qi und Blut. Er gehört zu den anspruchslosen, wetterharten Getreiden und wächst noch auf Höhen, auf denen Weizen nicht mehr gedeiht. Dinkel ist reich an Zink, Kieselsäure und an B-Vitaminen, was ihn zu einem wertvollen Getreide für den Aufbau von Strukturen (Knochen, Haare, Zellen, Haut) macht.

Blumenkohl-Kartoffel-Curry

Wenig Sonnenblumenöl | Erde
1 Zwiebel, fein geschnitten | Metall
1 Knoblauchzehe, fein gehackt | Metall
2 grüne Chilischoten, entkernt und ganz fein geschnitten | Metall
1 nussgrosses Stück frische Ingwerwurzel, gerieben | Metall
1 1/2 TL Kreuzkümmel | Metall
1 TL gemahlener Koriander | Metall
wenig Chilipulver | Metall
einige Gewürznelken | Metall
1 TL Ingwerpulver | Metall
1 TL Salz | Wasser

1–2 säuerliche Äpfel, geraffelt | Holz
2 TL Gelbwurz (Kurkuma) | Feuer
4–6 Kardamomsamen | Feuer
400 g Blumenkohl, in Röschen geteilt | Erde
500 g mehlige Kartoffeln, in Würfel geschnitten | Erde
300 g Gartenbohnen, in 5 cm lange Stücke geschnitten | Erde
300 ml Sojamilch oder Kokosmilch (Dose) | Erde

1 Zweig Estragon, fein geschnitten | Metall

Das Öl im Wok oder in einer Bratpfanne erwärmen und alle Würzzutaten, den Elementen folgend, darin so lange unter stetem Rühren anbraten, bis Zwiebel und Knoblauch glasig sind.

Die Äpfel, Gelbwurz und Kardamom sowie das Gemüse dazugeben und bei starker Hitze unter häufigem Wenden kurz andünsten, bis das Gemüse mit den Gewürzen gut durchmischt ist. Die Hitze reduzieren.

Sojamilch oder Kokosmilch dazugiessen und alles zugedeckt 15–20 Minuten bei schwacher Hitze unter wiederholtem Wenden garen. Mit Estragon bestreuen und direkt im Wok auf den Tisch bringen.

Tip: Zu diesem sehr scharfen Gericht kann für jede Person ein Schälchen Joghurt nature gereicht werden (mildert die Schärfe).

Wirkung des Gerichts:

- Vertreibt Kälte und feuchte Nässe.
- Der scharfe, leicht süsse Geschmack tonisiert das Yang, und wenn das Yang zu steigen beginnt, senkt sich das Yin – deshalb Vorsicht mit scharf-heissen Gerichten bei Yin-Mangel (Säftemangel).

Kürbisbrot mit Pinienkernen

500 g Kürbis, in Stücke geschnitten | Erde

125 g Butter | Erde
50 g Vollrohrzucker | Erde
1 Ei | Erde
1 TL Zimtpulver | Erde

400 g Dinkelvollmehl | Erde/Holz
1/2 TL chinesische Gewürzmischung (Anis, Zimt, Kümmel, Fenchel) | Metall
2 TL Salz | Wasser
2 TL Sauerteig-Backferment | Holz
100 g Pinienkerne | Erde

Das Kürbisfleisch über Dampf weich kochen, in einem Sieb abtropfen lassen, mit dem Stabmixer pürieren und davon 250 g abwiegen.

Butter, Zucker, Ei und Zimt schaumig rühren und mit dem Kürbispüree mischen.

Das Mehl mit den Gewürzen und dem Backferment mischen, die Pinienkerne dazugeben.

Alles unter das Kürbispüree mischen, in eine gefettete Cakeform von 28 cm Länge füllen und im vorgeheizten Backofen bei 200 Grad 50–60 Minuten backen.

Wirkung des Gerichts:

- Süss und warm.
- Kürbis ist süss und thermisch neutral bis warm, er wirkt auf das Qi der Mitte, tonisiert das Blut und leitet feuchte Kälte aus. Durch die anderen Zutaten, Mehl, Eier, Butter, Zucker, Nüsse, verstärkt sich der süsse Geschmack und damit die befeuchtende Wirkung.

Kürbis-Most-Suppe (Rezept Seite 93)

Gefüllte Randen mit Schnittlauchsauce

4 mittelgrosse rohe Randen (rote Bete) | Feuer

Füllung:
20 g Butter | Erde
1 Karotte, gewürfelt | Erde
1 Zwiebel, fein geschnitten | Metall
1 kleiner Rettich, fein gewürfelt | Metall
50 ml Weisswein | Metall
Pfeffer aus der Mühle | Metall
Salz | Wasser
1 TL Zitronensaft | Holz
50 ml Noilly Prat (Wermut) | Feuer
80 g Doppelrahmfrischkäse | Erde
2 Bund Schnittlauch, fein geschnitten | Metall

100 ml Weisswein | Metall
100 ml Gemüsebouillon | Wasser

Sauce:
50 ml Noilly Prat | Feuer
200 ml Rahm | Erde
1 Bund Schnittlauch, fein geschnitten | Metall

Die zarten Blätter der Randen fein schneiden. Die Randen, mit Wasser bedeckt, 45–60 Minuten knapp weich kochen, schälen und aushöhlen. Das ausgelöste Fruchtfleisch klein würfeln.

Für die Füllung das Gemüse zusammen mit den fein geschnittenen Randenblättern in der Butter andünsten. Mit dem Weisswein ablöschen, mit Pfeffer und Salz sowie dem Zitronensaft und Noilly Prat abschmecken. Die Flüssigkeit völlig einkochen lassen. Die Randenwürfel dazugeben, Frischkäse und Schnittlauch darunter mischen.

Die Füllung in die ausgehöhlten Randen füllen, diese in eine Gratinform stellen, mit dem Weisswein und der Bouillon umgiessen und 20 Minuten im auf 220 Grad vorgeheizten Ofen backen.

Für die Sauce 200 ml von der Garflüssigkeit der Randen entnehmen, Noilly Prat und Rahm hinzufügen und kurz aufkochen, bis die Sauce bindet. Den Schnittlauch dazugeben. Die Randen anrichten und mit der Sauce umgiessen.

Wirkung des Gerichts:

- Randen sind süss bis leicht bitter und neutral. Auf diese Weise zubereitet, bekommen sie viel Wärme und helfen so, vor der Kälte und Nässe des Herbstes zu schützen.

Haferflockenburger

400 g Haferflocken | Erde
wenig Öl | Erde
3 kleine Karotten, geraffelt | Erde
1 kleine Sellerieknolle, geraffelt | Erde
1 Zwiebel, geschnitten | Metall
1–2 Knoblauchzehen, fein geschnitten | Metall
200 ml würzige Gemüsebouillon | Wasser
2 EL Sojasauce | Wasser
2–4 in Öl eingelegte Tomaten, fein geschnitten | Holz
1/2 TL Rosmarin- und Salbeipulver | Feuer
wenig Rosenpaprika | Feuer
250 g Champignons, blättrig geschnitten | Erde

3 Eier | Erde
5 EL Paniermehl | Erde
1 Bund Schnittlauch | Metall

Die Haferflocken (ohne Fett) in einer Pfanne anrösten, zur Seite stellen.

In derselben Bratpfanne das Öl erhitzen, das Gemüse mit Zwiebel und Knoblauch darin leicht andämpfen, mit der Bouillon ablöschen. Alle folgenden Zutaten dazugeben und unter Wenden weitere 5 Minuten dünsten.

Alles in eine Schüssel geben und mit den Eiern, dem Paniermehl, den gerösteten Haferflocken und dem Schnittlauch gut mischen.

Von Hand kleinere Burger formen, nochmals in Paniermehl wenden und in Öl goldgelb ausbacken.

Wirkung des Gerichts:

- Hafer ist süss, leicht bitter und warm und wird in diesem Gericht durch mehrheitlich wärmende Zutaten ergänzt.
- Hafer nährt und tonisiert Qi und Yang, dies dank seinen

wertvollen Inhaltsstoffen. Kein anderes Getreide ist ein ebenso guter Energiespender – für alle Sportler das reinste «natürliche» Doping. Er stärkt die Muskelkraft und die Nervenkraft.

- Hafer neutralisiert Säuren. Ich empfehle bei aufstossender, brennender Magensäure, 1 Esslöffel Haferflocken (ohne Flüssigkeit) in den Mund zu nehmen, gut zu kauen und einzuspeicheln und zu schlucken.

Shiitake-Pilze mit aromatischen Reiskugeln

200 g Basmatireis | Erde

Sauce:
1 TL Zucker | Erde
2 EL trockener Sherry | Metall
wenig frisch geriebene Ingwerwurzel Metall
1 TL Salz | Wasser
2 EL Weissweinessig | Holz
1 Prise Kurkuma | Feuer

2 EL Sesamsamen | Erde
1 EL Erdnuss- oder Sojaöl | Erde
2–3 Karotten, in Längsstreifen gehobelt | Erde
2–3 Zucchini, gehobelt | Erde
150 g frische Shiitake-Pilze, geputzt und geschnitten | Erde
wenig Chilipulver | Metall
3 EL Sojasauce | Wasser

Den Reis in 800 ml Wasser 12–15 Minuten kochen, dann vom Herd nehmen. Die Saucenzutaten, den Elementen folgend, mischen, über den warmen Reis geben und warm halten.

Im Wok oder in einer Bratpfanne die Sesamsamen ohne Fett anrösten, beiseite stellen. Das Öl erhitzen, das Gemüse und die Pilze darin kurz unter schnellem Wenden anbraten, mit Chilipulver und Sojasauce abschmecken.

Das Gemüse auf Teller verteilen und mit den Sesamsamen bestreuen. Aus dem Reis mit dem Glaceportionierer Kugeln formen und darauf setzen.

Wirkung des Gerichts:

- Ein asiatisch anmutendes Gericht mit süss-säuerlichem Geschmack und mässig wärmender Thermik.
- Der asiatische Shiitake-Pilz hat nicht nur in Japan und China einen hohen Stellenwert auf dem Speisezettel – inzwischen wurde von der westlichen Wissenschaft entdeckt, dass seine Inhaltsstoffe immunsystemstimulierend und sogar tumorzerstörend wirken sollen. Die Pilze, früher nur den Kaisern vorbehalten, heute bei uns selbst im Supermarkt erhältlich, gedeihen in feucht-warmem Klima auf Pasaniahölzern (japanisch shii). Es lassen sich daraus wahrhaft «kaiserliche» Gerichte zubereiten, da der Pilz hervorragend schmeckt. Pilze kann man aufgrund ihres Eiweissgehalts auch als das «Fleisch des Waldes» bezeichnen.

Kastanienmehlnudeln an wärmender Pestosauce

400 g Kastanienmehlnudeln (Reformhaus) | Erde

Pestosauce:
4 EL Olivenöl | Erde
3 Knoblauchzehen, gepresst | Metall
viel schwarzer Pfeffer aus der Mühle | Metall
wenig Salz | Wasser
wenig Brottrunk oder Zitronensaft | Holz
wenig frischer Kerbel | Feuer
50 g Haselnüsse, grob gehackt | Erde
1 Bund glatte Petersilie, fein geschnitten | Feuer
1 Bund Basilikum, fein geschnitten | Metall
75 g Parmesan oder Sbrinz, gerieben | Metall / Wasser

Die Nudeln in leicht gesalzenem Wasser kochen, abschütten und warm stellen.

Für die Pestosauce die Zutaten, den Elementen folgend, mischen und unter die warmen Nudeln ziehen.

Wirkung des Gerichts:

- Eine andere Art, Kastanien zu geniessen – als Nudeln. Kastanien sind süss und warm. Pesto ist metallbetont, d. h. scharf und mässig warm. Das Gericht wirkt mässig befeuchtend.
- Die Kastanie, das Brot des Baumes, ist in ihren Nährstoffen dem Getreide vergleichbar. Charakteristisch ist der leicht lösliche Zucker, daher die Süsse. Sie tonisiert das Blut und enthält Substanzen, die günstig auf die Blutgerinnung wirken. Ihr Reichtum an B-Vitaminen empfiehlt sie bei nervlichen Problemen – schon bei der heiligen Hildegard galt die Kastanie als Mittel bei geistiger Erschöpfung.
- Haselnüsse, botanisch zur Familie der Birkengewächse gehörend, sind süss bis leicht bitter und warm. Da sie sehr fettreich sind (wie alle Nüsse), sollte man sie bei feuchten Hitzeproblemen (Akne u.a.) nicht zu oft essen.

Wildhasenrückenfilet auf Dinkelsalat

200 g Dinkel | Erde/Holz

Sauce:
2 EL Balsamicoessig | Holz
wenig Rosemarinpulver | Feuer
3 EL Traubenkernöl | Erde
Senf | Metall
schwarzer Pfeffer aus der Mühle | Metall
Salz oder wenig aufgelöste Gemüsebouillon | Wasser

600 g Hasenrückenfilet | Metall/Erde
Pfeffer | Metall
wenig Salz | Wasser
1 Kiwi, aufgeschnitten | Holz
wenig Rosenpaprika | Feuer
1–2 EL Maiskeimöl | Erde
200 ml Weisswein | Metall
wenig Salz | Wasser
100 ml saurer Halbrahm | Holz
2 EL Sherryessig | Holz
wenig Kurkuma | Feuer
2 EL Nussöl | Erde

Den Dinkel in ungesalzenem Wasser 3/4–1 Stunde vorkochen, vom Herd nehmen und zugedeckt nachquellen lassen.

Die Zutaten zur Sauce, den Elementen folgend, verrühren, unter den warmem Dinkel mischen und ziehen lassen.

Das Hasenrückenfilet mit Salz und Pfeffer würzen, mit der Kiwi einmassieren (Zartmacher) und mit dem Paprika würzen.

Das Öl stark erhitzen und das Fleisch darin rundherum anbraten, aus der Pfanne nehmen und kurz ruhen lassen. Den Bratfond mit dem Weisswein aufgiessen, mit wenig Salz nachwürzen und einkochen lassen. Die übrigen Zutaten unter die Sauce mischen.

Das Fleisch aufschneiden, mit der Sauce überziehen und zusammen mit dem lauwarmen Dinkelsalat servieren.

Wirkung des Gerichts:

- Tonisiert Qi, Yang und Blut.
- Wildhase hat die Signatur des Metallelements. Er ist von trockener Konsistenz, geschmacklich süss und thermisch neutral bis warm – das, was die Milz braucht, um ihr Qi zu stärken. Geht es der Milz gut, so geht es auch den Lungen gut (Fütterungszyklus).
- Dinkel ist süss und warm – das ideale Herbst-/Wintergetreide.

Hirschsaltimbocca auf Gerstotto

Für 6 Personen

600 g Hirschschnitzel (12 Schnitzel) | Metall/Erde
Pfeffer | Metall
Salz | Wasser
100 g Rohschinken | Wasser
wenig Zitronensaft | Holz
12 grosse Salbeiblätter | Feuer
1–2 EL Bratbutter | Erde

Gerstotto:
1 EL Sonnenblumenöl | Erde
300 g Rollgerste | Erde
1 grosse Zwiebel, geschnitten | Metall
1 1/2 l kräftige Bouillon | Wasser
1 EL Rotweinessig | Holz
200 ml kräftiger Rotwein | Feuer

100 g ganze Kastanien | Erde
1 EL Grappa | Metall
50 g geriebener Sbrinz oder Parmesan | Metall/Wasser

Die Schnitzel mit Pfeffer und Salz würzen, mit je einer Scheibe Rohschinken belegen, mit wenig Zitronensaft beträufeln, jeweils ein Salbeiblatt darauf geben und mit einem Zahnstocher fixieren.

Die Bratbutter erhitzen und die Schnitzel darin vorsichtig anbraten. Aus der Pfanne nehmen und warm stellen.

Für den Gerstotto das Öl erhitzen, die Rollgerste leicht anrösten, die Zwiebel dazugeben und andämpfen mit der Bouillon ablöschen, Rotweinessig und Rotwein dazugeben und 15 Minuten köcheln lassen.

Inzwischen die Kastanien, knapp mit Wasser bedeckt, nicht zu weich kochen. Dann (falls Flüssigkeit nötig, mit der Kochflüssigkeit) zum Gerstotto geben und weitere 5 Minuten köcheln lassen, bis Gerste und Kastanien gar sind.

Den Grappa und den Sbrinz darunter mischen und zusammen mit der Saltimbocca anrichten.

Wirkung des Gerichts:

- Es tonisiert Qi, Yang und Blut.
- Hirschfleisch hat die Signatur des Metallelements. Es ist von trockener Konsistenz, geschmacklich süss und thermisch warm.
- Gerste ist süss und kühlend. Mit Rotwein (warm) gekocht und mit wärmenden Zutaten ergänzt, verändert sich sowohl der Geschmack wie auch die Thermik.

Reis-Hirse-Küchlein mit Beerenkompott

Teig:

200 g Hirse | Erde
200 g Rundkornreis | Erde
1 Hefewürfel (40 g) | Erde
100 ml Milch | Erde
3 Eier | Erde
100 g weiche Butter | Erde
2 EL Ahornsirup | Erde
1 EL Vanillezucker | Erde
1 Prise Pfeffer | Metall
wenig Kardamompulver | Metall
wenig Salz | Wasser
1 EL Orangensaft, frisch gepresst | Holz
1/2 Orange, fein geriebene Schale | Feuer

wenig Öl | Erde

Kompott:

100 g vollreife Brombeeren | Holz
100 g vollreife Heidelbeeren | Holz
100 g vollreife Himbeeren | Holz
100 g vollreife Holunderbeeren | Feuer
Akazienhonig oder Birnendicksaft (Birnel) | Erde
wenig Ingwerpulver | Metall
wenig Mineralwasser | Wasser

Hirse und Reis zu feinem Mehl mahlen. Mit allen übrigen Zutaten, den Elementen folgend, zu einem glatten Teig verrühren (falls nötig, etwas Milch hinzufügen) und 30 Minuten zugedeckt gehen lassen.

Öl in einer Bratpfanne erhitzen und aus jeweils 2 Esslöffeln Teig kleine Küchlein goldbraun ausbacken (das Öl sollte nicht zu heiss sein, sonst brechen die Küchlein beim Wenden; richtig ist die Temperatur, wenn die Küchlein beim Backen etwas aufgehen).

Erneut etwas Öl in die Pfanne geben und fortfahren, bis der ganze Teig aufgebraucht ist.

Alle Zutaten zum Kompott mischen, kurz aufkochen und warm zu den Küchlein servieren.

Wirkung des Gerichts:

Die Küchlein sind süss und warm, das Kompott ist säuerlich bis süss und mässig warm, Holunderbeeren sind leicht bitter. Alle blauen Beeren sind reich an Eisen und Kupfer, was für das Blut wichtig ist, zudem stärken sie das Immunsystem (Flavonoide und Vitamin C).

Roggen-Apfelkuchen mit Vanillesauce

Kuchen:

100 g Roggenmehl, fein gemahlen | Erde/Feuer
100 g Haselnüsse, gemahlen | Erde
100 g Butter | Erde
4 EL Birnendicksaft (Birnel) | Erde
50 g Sultaninen | Erde
1/2 TL Zimtpulver | Erde
1 Prise Nelkenpulver | Metall
wenig Sternanis | Metall
wenig Kardamompulver | Metall
1 Prise Salz | Wasser
300 g säuerliche Äpfel, fein gerieben | Holz
1 Zitrone, Saft | Holz
1/2 Zitrone, abgeriebene Schale | Feuer

Vanillesauce:

1/2 l Milch | Erde
2 Vanillestengel, aufgeschnitten | Erde
20 g Hirse, ganz fein gemahlen | Erde
3 EL Birnendicksaft | Erde
1 Prise Safranpulver | Metall
1 Prise Salz | Wasser
wenig Zitronensaft | Holz
wenig Kurkuma | Feuer

150 ml Rahm, geschlagen | Erde

Für den Kuchen alle Zutaten zu einem Teig mischen.

Ein Kuchenblech von 26 cm Durchmesser ausbuttern, den Teig darauf verteilen und sanft ausstreichen. Die Oberfläche mit Rahm bestreichen und im vorgeheizten Ofen auf der untersten Rille bei 200 Grad 30 Minuten backen.

In der Zwischenzeit für die Sauce die Milch aufkochen, die Vanillestengel dazugeben, die Hirse einrühren, Birnendicksaft, Safran und Salz dazugeben und 5 Minuten unter Rühren köcheln lassen. Zitronensaft und Kurkuma dazugeben, vom Herd nehmen und auskühlen lassen. Den Schlagrahm unter die ausgekühlte Vanillesauce ziehen.

Den lauwarmen Roggenkuchen mit der Vanillesauce servieren.

Wirkung des Gerichts:

- Diese Süssspeise wirkt dadurch, dass sie gebacken ist, mässig befeuchtend.
- Bei der Milch ist weniger die Frage von gesund oder ungesund als vielmehr die Frage der Verträglichkeit entscheidend. Viele Menschen reagieren auf Fremdeiweiss (Tiermilch) mit immunologischen Reaktionen, eine Schwäche, die bereits vererbt sein kann. Milchersatz: Soja- oder Reismilch.

Gerstendrink

100 g (Bio-)Gerste | Erde
2 Feigen, ungeschwefelt | Erde
1 Zimtstange | Metall
wenig Nelkenpulver | Metall
1/2–1 TL geriebene frische Ingwerwurzel | Metall
1 Prise Salz | Wasser
2 l Wasser | Wasser

Alles zusammen so lange kochen, bis die Gerste dick aufgequollen ist (Rollgerste ca. 30 Minuten, Vollgerste länger). Durch ein Sieb giessen und den Gerstensaft trinken.

Wirkung des Getränks:

- Baut Qi von Milz und Lunge auf und leitet Feuchtigkeit (mit Ingwer kalte Feuchtigkeit) aus.
- Gerste, eines der ältesten Getreide der Menschheit, ist süss und kühlend. Da sie wenig Gluten enthält, wird sie auch von Allergikern gut vertragen. Aus den Gerstenkörnern kann auch sehr gut ein Salat zubereitet werden (siehe folgendes Rezept).

Süsser Gestensalat

100 g Gerste (vorgekocht) | Erde
2–3 süsse Äpfel, klein geschnitten | Erde
einige süsse blaue Trauben, halbiert | Erde
einige Datteln, fein geschnitten | Erde
50 g Mandeln, gehackt | Erde
Zimt, Nelken und/oder Koriander | Metall
1 Prise Salz | Wasser
1–2 TL Zitronensaft | Holz
abgeriebene Zitronenschale | Feuer
1–2 EL Rahm | Erde

Alle Zutaten zu einem Salat mischen.

Wirkung des Gerichts:

- Tonisiert Milz und Lunge (Yin).

Hagebuttenpudding mit Sanddornsauce

Für ca. 10 Portionen

200 g Hagenbuttenmark (Reformhaus) | Holz/Erde
1 EL Portwein | Erde/Feuer
100 ml Milch | Erde
130 g Mehl | Erde
80 g Butter | Erde
1/2 TL Kardamompulver | Metall
1 Prise Salz | Wasser
1 TL Zitronensaft | Holz
1 Prise Rosmarinpulver | Feuer
2 EL Portwein | Erde/Feuer
6 Eigelb oder 2 EL Pfeilwurzmehl | Erde
3 EL Zucker | Erde
3 EL Kirsch | Metall

6 Eiweiss | Metall

Sauce:
4 EL Zitronensaft | Holz
500 g Sanddornmark | Holz/Erde
wenig abgeriebene Zitronenschale | Feuer
100 ml Portwein | Erde/Feuer
1 TL Honig | Erde

Das Hagebuttenmark mit Portwein und Milch aufkochen.

Das Mehl in der Butter dünsten, ohne Farbe annehmen zu lassen. Die Hagenbuttenmilch dazugeben, gut durchrühren und vom Herd nehmen. Die übrigen Zutaten in der Reihenfolge der Elemente darunter mischen.

Das Eiweiss steif schlagen und unter die Masse ziehen.

Förmchen buttern und mit Puderzucker leicht ausstäuben. Mit der Hagenbuttenmasse füllen. Im Wasserbad im vorgeheizten Ofen bei ca. 130 Grad 30–35 Minuten garen.

In der Zwischenzeit alle Zutaten zur Sauce mischen und erwärmen. Zum warmen Pudding servieren.

Tip: Wird das Hagenbutten- und das Sanddornmark selbst hergestellt, muss man mehr süssen (im Reformhaus gekauftes Mark ist meist ziemlich süss).

Wirkung des Gerichts:

Süss bis leicht säuerlich und warm. Dieses herbstlich warme Dessert hilft, sich vor Kälte zu schützen.

Sherrycreme mit Trauben

200 g rote Trauben | Erde
200 g weisse Trauben | Erde

Sherrycreme:
4 EL Sherry | Metall
1 Prise Salz | Wasser
2 EL Zitronensaft | Holz
1 Msp. Kurkuma | Feuer
2 EL Zucker | Erde
2 TL Butter | Erde
1 Ei, frisch | Erde
1/2 TL Kardamompulver | Metall

100 ml Rahm, steif geschlagen | Erde

Die Trauben nach Belieben halbieren und auf Teller geben.

Alle Zutaten zur Sherrycreme mischen und unter stetem Rühren bis kurz vors Kochen bringen. Sofort vom Herd ziehen und im kalten Wasserbad weiterrühren. Auskühlen lassen. Den steif geschlagenen Rahm unter die abgekühlte Creme ziehen.

Die Creme über die Trauben verteilen.

Wirkung des Gerichts:

Trauben sind süss und thermisch neutral. Sie enthalten sehr viel Traubenzucker, der direkt ins Blut geht und überall dort hilft, wo geistige und körperliche Energie gebraucht wird. Weintrauben tonisieren die Lungen und helfen bei Hitze der Leber und Gallenblase. Die roten bzw. blauen Trauben enthalten reichlich Bioflavonoide, die wichtig sind für das Immunsystem und um «freie Radikale» in Schach zu halten. Manche mögen Trauben lieber in «flüssiger Form» – und still sein Weinlein schlürfen ...

Zwetschgen in Portwein mit grünem Pfeffer

350 g Zwetschgen, entsteint und halbiert | Holz/Erde

Weinsud:
100 ml Rotwein | Feuer
100 ml Portwein | Erde/Feuer
150 g Zucker | Erde
1 Zimtstange | Metall
1/2 TL chinesische Gewürzmischung (Dayong) oder Kardamom | Metall
1/2–1 EL eingelegte grüne Pfefferkörner | Metall
1 Prise Salz | Wasser
1 EL Zitronensaft | Holz

150 ml halbgeschlagener Rahm, mit wenig Vanillezucker gewürzt | Erde

Alle Zutaten, den Elementen folgend, zum Sud mischen, kurz aufkochen, die Zwetschgen dazugeben und 5–8 Minuten knapp unter dem Siedepunkt ziehen lassen.

Die halbwarmen Früchte mit Weinsud und etwas Rahm anrichten und mit den ersten bunten Herbstblättern dekorieren.

Wirkung des Gerichts:

- Zwetschgen sind sauer, süss und kühlend. Durch die Art der Zubereitung werden sie zu einer wärmenden und mit Rahm leicht befeuchtenden Nachspeise.
- Bei Feuchtigkeitsproblemen sollte man mit Rahm sparsam umgehen und dafür etwas mehr Kardamom verwenden.
- Grüner Pfeffer (unreifer Pfeffer) ist weniger scharf als weisser und noch weniger scharf als schwarzer. Die Schärfe erhält der Pfeffer durch den Stoff Piperin; an der unterschiedlichen Art der Schärfe der verschiedenen tropischen Pfefferarten sind bis zu 60 Stoffe beteiligt. Pfeffer ist nicht nur Würze, sondern auch Heilmittel bei Blähungen und Appetitmangel, wirkt schmerzstillend, antibakteriell und immunabwehrstimulierend.

Winterzeit

Bewegung der Zeit	Yin im Yin – das grosse Yin Der Yang-Aspekt wirkt im Verborgenen. Der Yin-Aspekt beherrscht die Zeit.
TCM-Winterzeit	Mitte November bis Mitte Februar
Signatur der Nahrungsmittel	Thermisch: warm bis heiss Energetisch: bewahrend Konsistenz: nährend Wasserelement stärkend
Wahl der Nahrungsmittel	Saison-(Lager-)Gemüse, Lager- und Dörrobst, Nüsse, wärmende Getreide und Hülsenfrüchte, wärmendes Fleisch und wärmende Fische, wärmende Öle und Fette
Ernährungsthematik	Wechsel von der sammelnden Herbsternährung zu einer substanzbewahrenden Winterernährung; deshalb sollte man im Winter nicht zu wenig essen.
Geschmack	Alle 5 Geschmacksrichtungen
Kochweise	Yangisierend, durchwärmend Lange Kochzeiten sind ideal für die Jahreszeit.
Wintergerichte	schützen vor Kälte.
Rezeptvorschläge	Nährende Suppen – Kraftsuppen Durchwärmende Suppen Getreidegerichte mit wärmenden Zutaten Gemüsegerichte mit warm-heissen Zutaten Hülsenfrüchte mit wärmenden Gewürzen Fleischgerichte mit wärmenden Kräutern Fischgerichte mit wärmenden Zutaten Desserts mit wärmenden Zutaten und Nüssen Getränke mit durchwärmenden Kräutern wie Ingwertee, Yogitee, Glühwein mit Zimtrinde, Nelken, Pfeffer, Anis, Muskat, Eibisch u.a.

Kraftsuppe mit Huhn

3–4 l Wasser | Wasser
1 Suppenhuhn (mit Knochen) | Holz
1 EL Thymian und Rosmarin | Feuer
1 EL Liebstöckelwurzel, grob gehackt | Feuer
2 Karotten, in Stücke geschnitten | Erde
1 Sellerieknolle, in Stücke geschnitten | Erde
2–3 Stangen Lauch, grob geschnitten | Metall
einige Lorbeerblätter | Metall
einige Gewürznelken | Metall
1 nussgrosses Stück Ingwerwurzel, gehackt | Metall
einige schwarze Pfefferkörner | Metall
1–2 TL Salz | Wasser
4 EL schwarze Sojabohnen | Wasser
2–4 Blatt Hijiki-Algen (Reformhaus) | Wasser

Alle Zutaten in einen grossen Kochtopf aus Keramik, Glas oder Email geben und 3–4 Stunden leicht sieden lassen.

Wirkung des Gerichts:

- Tonisiert das Nieren-Qi, Yin und Yang.
- Kraftsuppen aus Gemüse, Hülsenfrüchten, Fleisch, Knochen, Kräutern und Gewürzen werden sehr lange gekocht. Am Ende bleibt ein Extrakt der Zutaten, die in der Regel nicht gegessen werden. Man geniesst die etwas vom Fett befreite Brühe als Tonikum nach erschöpfender Tätigkeit, nach Geburten, während der sehr kalten Jahreszeit, um die Nieren als Quelle aller Yin- und Yang-Energien zu stärken und zu schützen.
- Es lohnt sich, davon eine grössere Menge zuzubereiten, die dann gekühlt, aber nicht tiefgefroren aufbewahrt wird. Die Fettschicht auf der Suppe wirkt konservierend; vor dem Wärmen entfernt man sie, ausser man braucht die Suppe als Kälteschutz in extremen Klimazonen.
- Im Winter verwendet man Beilagen von thermisch wärmend-heisser und energetisch substanzbewahrender Wirkkraft. Die Kochzeit ist entsprechend lang, mindestens 3 Stunden. Mit wärmenden Gewürzen und nährenden Zutaten wird diese Suppe zu einem Qi-, Yin- (Jing-) und Yang-Tonic und ist damit angezeigt bei tiefgreifender Erschöpfung.

Yangsuppe

10 g getrocknete Mu-Err-Pilze (Judasohren) | Erde

1 EL Sojaöl | Erde
2 Zwiebeln, fein geschnitten | Metall
1 Stange Lauch, fein geschnitten | Metall
1–2 EL frische Ingwerwurzel, gerieben | Metall
1 TL Koriandersamen | Metall
einige eingelegte grüne Pfefferkörner | Metall
1 rote Chilischote, entkernt, fein geschnitten | Metall
1 l Hühnerbouillon | Wasser
2 EL helle Sojasauce | Wasser
1 EL Sherryessig | Holz
wenig Kerbel, frisch oder getrocknet | Feuer
1 Prise Zucker | Erde
2 EL trockener Sherry | Metall

Die Pilze 30 Minuten in kaltem Wasser quellen lassen.

Das Öl erwärmen. Die abgetropften und klein geschnittenen Pilze, Zwiebeln, Lauch, Ingwer, Koriander, Pfefferkörner und Chili dazugeben und andämpfen. Mit der Bouillon ablöschen, mit Sojasauce und den übrigen Zutaten abschmecken. Die Suppe 10 Minuten köcheln lassen.

Wirkung des Gerichts:

- Diese Suppe hat nicht das Nährende der Kraftsuppen, sondern vertreibt durch ihre scharf-heissen Zutaten (Sherry, Pfeffer, Chili, Koriander, Ingwer) innere Kälte.
- Ingwerwurzel ist scharf und heiss, wirkt schweisstreibend und schleimlösend. Wegen ihrer sehr warmen Natur ist sie ideal im Winter – als Suppe oder als Tee. Vorsicht ist geboten bei innerer Hitzeproblematik.
- Für Ingwertee: 1 Teelöffel frisch geriebene Ingwerwurzel mit 1 grossen Tasse kochendem Wasser übergiessen, ziehen lassen und mit wenig Honig süssen. Bei beginnender Erkältung einnehmen und wenn man keine Lust hat, eine Suppe zu kochen.
- Chili, botanisch zu den Nachtschattengewächsen gehörend, reichen von den mildscharfen (grünen) aus dem Mittelmeerraum bis zu den scharfen (roten) asiatischen Sorten. Er schwemmt Harnsäure aus, reinigt und entgiftet.

Fischsuppe

Als Hauptmahlzeit

2 EL Olivenöl | Erde
2–3 Knoblauchzehen, gepresst | Metall
3 Lorbeerblätter | Metall
wenig Cayennepfeffer | Metall
100 g Lauch, in 2 cm breite Stücke geschnitten | Metall
100 g Weisskohl, in Streifen geschnitten | Metall
100 ml Weisswein | Metall
600 ml milde Gemüsebouillon | Wasser
1 EL Hoisinsauce | Holz
1 TL Thymianblätter | Feuer
1/2 TL Oregano oder Majoran | Feuer
1/2 Zitrone, abgeriebene Schale | Feuer
200 g Kürbisfleisch, gewürfelt | Erde
1 EL Tomatenpüree | Erde
3 EL Langkornreis | Metall

400 g kochfester Fisch, küchenfertig, mundgerecht geschnitten | Wasser
4–5 Riesencrevetten oder Shrimps | Wasser
250 g Miesmuscheln, gründlich geputzt | Wasser

Kelp (Algen) | Wasser
etwas helle Sojasauce | Wasser

In einem grossen Topf das Öl erhitzen, Knoblauch, die Gewürze, Lauch und Kohl darin andämpfen. Mit dem Weisswein ablöschen, die Bouillon und die übrigen Zutaten dazugeben und die Suppe 15 Minuten köcheln lassen.

Den Fisch und die Meeresfrüchte in die Suppe geben und 5–10 Minuten knapp unter dem Siedepunkt ziehen lassen. Mit Kelp und etwas Sojasauce abschmecken.

Wirkung des Gerichts:

- Suppen sind von ihrer Natur her Wasser, Yin. Sie tonisieren die Körpersäfte, Fischsuppen speziell das Nieren-Yin.
- Fische und Meeresfrüchte sowie Meeresgemüse (Algen) aus den warmen Meeren (Pazifik) sind salzig-warm und tonisieren das Nieren-Yang. Fische aus den kalten Meeren (Atlantik) ebenso wie Kaltwasseralgen sind salzig-kalt und tonsieren das Nieren-Yin. Der Grund: Kaltwasserfische enthalten viel Omega-3-Fettsäuren, und diese wirken entzündungshemmend. Kaltwasseralgen enthalten ausserdem viel kühlende Mineralstoffe.
- Die bekannte Spirulina-Blaualge gedeiht im (20–40 Grad) warmen Wasser, sie besitzt einen pH-Wert von 8,5–11 (sehr basisch), was sie für die Säure-Basen-Neutralisation und für alle, die fleischlos leben, sehr wertvoll macht. Algen enthalten das blutbildende Vitamin B_{12}.

Rosenkohlterrine mit Meerrettichschaum

600 g Rosenkohl, grosse Röschen halbiert | Erde
wenig Kümmelpulver | Erde
100 ml Gemüsebouillon | Wasser
einige Spritzer Zitronensaft | Holz
wenig Rosmarinpulver | Feuer

200 ml Halbrahm | Erde
3 Eier | Erde
2 gestrichene EL Maisstärke | Erde
2 EL geriebener Sbrinz oder Parmesan | Metall/Wasser
wenig weisser Pfeffer | Metall

Meerrettichschaum:
1 Meerrettichwurzel, ganz fein gerieben | Metall
wenig Pfeffer | Metall
50 g Rauchlachs, ganz fein geschnitten | Wasser
wenig Salz | Wasser
1 Limone, Saft | Holz
1 Prise Rosenpaprika | Feuer
wenig abgeriebene Limonenschale | Feuer
50–100 ml Rahm, halbsteif geschlagen | Erde

Den Rosenkohl mit dem Kümmel in der Bouillon weich garen. Die kleinsten Röschen zur Seite legen, den Rest des Rosenkohls mit der Garflüssigkeit pürieren. Mit Zitronensaft und Rosmarin abschmecken.

Den Halbrahm und die Eier mit den übrigen Zutaten verquirlen. Das Gemüsepüree und die beiseite gestellten kleinen Rosenkohlröschen darunter mischen.

Eine Terrinen- oder Cakeform (von ca. 20 cm Länge) mit Backpapier auslegen und leicht buttern. Die Masse einfüllen mit einem Deckel oder mit Alufolie zudecken und im Wasserbad rund 1 Stunde bei 170 Grad garen. Mit einem Holzstäbchen prüfen, ob die Terrine gar ist. Aus dem Wasserbad nehmen und vollständig auskühlen lassen.

Für den Meerrettichschaum alle Zutaten schnell miteinander vermischen und den Rahm darunter ziehen.

Die ausgekühlte Terrine in nicht zu dünne Scheiben schneiden und mit Sauce servieren.

Wirkung des Gerichts:

- Rosenkohl ist süss, leicht bitter und thermisch neutral. Als Terrine wird er durch Eier, Käse und Rahm mässig befeuchtend. Die Meerrettichsauce (scharf, warm) macht das Gericht weniger befeuchtend.
- Meerrettich enthält doppelt so viel Vitamin C wie die Zitrone, und mit seinen senfölhaltigen Stoffen wirkt er durchblutungsfördernd, desinfizierend, Harnsäure ausschwemmend, schleimlösend, kurz: reinigend und entgiftend.

Gemüsepfanne mit Kichererbsen

Als Beilage oder Hauptgericht

3 Tassen Kichererbsen | Erde/Wasser
3 Tassen roter Reis (Camargue) | Erde/Feuer

2 EL Öl | Erde
2 Knoblauchzehen, gehackt | Metall
schwarzer Pfeffer aus der Mühle | Metall
1–2 TL Madrascurry | Metall
wenig Salz | Wasser
1 EL Hoisinsauce | Holz
wenig Beifuss oder Kerbel oder Rosenpaprika | Feuer
1 Karotte, klein geschnitten | Erde
100 g Erbsen | Erde
1/2 Chinakohl, klein geschnitten | Erde
1 Stange Lauch, klein geschnitten | Metall
1 Zwiebel, klein geschnitten | Metall
2–3 EL Sojasauce | Wasser
1 EL saurer Most | Holz
etwas Rosmarin, frisch oder getrocknet | Feuer

Die Kichererbsen und den Reis getrennt vorkochen.

Im Wok oder in einer tiefen Bratpfanne das Öl erwärmen, Knoblauch, Pfeffer, Curry und Salz darin andünsten, so dass sich der Geschmack entfaltet. Die Hoisinsauce und Beifuss, Kerbel oder Paprika beigeben. Das Gemüse darunter mischen und leicht andämpfen. Die Sojasauce und den Most darüber giessen und den Rosmarin hinzufügen.

Die vorgekochten Kichererbsen und den Reis dazugeben alles zusammen auf mittlerer bis starker Hitze unter häufigem Wenden gut durchmischen.

Wirkung des Gerichts:

- Wärmend und stärkend für Milz und Nieren.

Kichererbsen sind süss und neutral. Sie gehören geschmacklich zum Erdelement, in ihrer Signatur zum Wasserelement und stärken wie die meisten Hülsenfrüchte das Qi der Nieren.

Pudla (indische Omeletten)

50 g Weizenvollmehl | Erde/Holz
200 g Kichererbsenmehl | Erde/Wasser
1 TL Kreuzkümmelsamen | Metall
1 TL Korianderpulver | Metall
1/4 TL weisser Pfeffer | Metall
2 frische oder getrocknete Chilischoten, fein geschnitten | Metall
1 TL frisch geriebener Ingwer | Metall
1 1/2 TL Salz | Wasser
ca. 300 ml Wasser | Wasser
2 EL Joghurt oder Kefir | Holz
1/2 TL Kurkuma | Feuer
1/4 TL Bockshornkleesamen | Feuer
2 kleine Kartoffeln, fein gewürfelt | Erde
1/2 Chinakohl, ganz fein geschnitten | Erde

1/2 EL Ghee (geklärte Butter) oder Öl | Erde
Schnittlauch, fein geschnitten | Metall

Das Mehl und die Würzzutaten mischen, mit dem Wasser zu einem dicken Teig rühren. Etwas ruhen lassen. Dann die übrigen Zutaten, den Elementen folgend, darunter mischen.

In einer Bratpfanne (ca. 26 cm Durchmesser) Ghee oder Öl erhitzen. Mit einem Löffel jeweils so viel Teig in die Pfanne geben, dass zwei Omeletten von ca. 10 cm Durchmesser gleichzeitig gebacken werden können. Auf beiden Seiten 3–4 Minuten goldbraun und knusprig ausbacken. Die Pfanne vor der nächsten Portion jeweils wieder leicht fetten. Mit Schnittlauch bestreuen und heiss servieren.

Wirkung des Gerichts:

- Mässig scharf und thermisch warm.
- Eine andere Art, Kichererbsen zu geniessen – als Mehl und in einer Art Gemüseomelette.
- Bockshornklee (Trigonella foenum-graecum) mit seinem intensiv bitter-scharfen Geschmack ist in Indien ein weit verbreitetes Gewürzkraut. Seine Samen helfen bei Verdauungsproblemen und regen bei stillenden Frauen stark die Milchbildung an.

Bohnen mit Salbei

250 g Saubohnen oder Soissonbohnen | Erde/Wasser

viel frischer Salbei, fein geschnitten | Feuer
3 EL Olivenöl | Erde
2 Prisen Safranpulver | Erde
wenig Fenchelsamen, leicht zerdrückt | Metall
2–3 Knoblauchzehen, gepresst | Metall
schwarzer Pfeffer aus der Mühle | Metall
1/2 TL Salz oder Kelpamare | Wasser
einige Spritzer Zitronensaft oder wenig Brottrunk | Holz

Die Bohnen über Nacht einweichen, dann ohne Salz vorkochen. Abgiessen und abtropfen lassen.

Eine Bratpfanne mässig erhitzen und den Salbei darin vorsichtig anrösten. Das Öl dazugeben, erwärmen und darin alle übrigen Würzzutaten andämpfen. Die vorgekochten Bohnen hinzugeben und mit Zitronensaft oder Brottrunk abschmecken.

Wirkung des Gerichts:

- Nieren- und Milz-Qi und -Yang stärkend.
- Bohnen (Hülsenfrüchte) sind stättigend, reich an pflanzlichen Eiweissen, enthalten viele Mineralstoffe und bringen Abwechslung in die Winterküche. Mit Getreide kombiniert, ergeben sie ein biologisch hochwertiges Eiweiss. Geschmacklich sind sie süss, in ihrer Signatur dem Wasserelement zugeordnet. Wichtig ist, dass man sie zusammen mit blähungshemmenden Kräutern kocht.
- Neben seinem guten Geschmack hat Salbei (bitter-scharf-adstringierend und warm) krampflösende Wirkung. Er ist nicht nur Würze, sondern auch eine vielseitige Heilpflanze. Mit seinen östrogenähnlichen Substanzen hilft Salbei, den weiblichen Hormonhaushalt zu regulieren. Er hebt die Stimmung und fördert das freie Fliessen der Energien durch die Kehle. Salbeitee ist das klassische Mittel bei Entzündungen im Halsbereich.

Kabiswähe

Mürbeteig:

200 g Dinkelvollmehl | Erde/Holz
1 Prise Muskatnuss | Metall
½ TL Salz | Wasser
150 g Quark | Holz
1 Prise Kurkuma | Feuer
75 g Butter | Erde

Füllung:

750 g Weisskohl, fein gehobelt | Metall
3 Zwiebeln, in Ringe geschnitten | Metall
½ TL Kümmel | Metall
1 TL Fenchelsamen | Metall
150 g Speck, gewürfelt | Wasser

Guss:

300 ml Sauerrahm | Holz
1 Prise Kurkuma | Feuer
2 Eier | Erde
2 TL Pfeilwurzmehl oder Maisstärke | Erde
2 EL Mehl | Erde
Peffer aus der Mühle | Metall
geriebene Muskatnuss | Metall
Salz | Wasser
3 EL geriebener Sbrinz oder Parmesan | Wasser

Alle Teigzutaten in der Reihenfolge der Elemente schnell zu einem Teig zusammenfügen.

Alle Zutaten zur Füllung, den Elementen folgend, zusammen andünsten und zugedeckt 10 Minuten dämpfen, dann auskühlen lassen.

Die Zutaten zum Guss, ebenfalls den Elementen folgend, mit dem Schwingbesen gut verrühren.

Ein Kuchenblech fetten, mit dem Teig belegen, die Füllung darauf verteilen und den Guss darüber geben. 30 Minuten bei 250 Grad im Backofen backen.

Wirkung des Gerichts:

- Süss bis salzig, warm und mässig befeuchtend.
- Kohl, eines der besten Heilmittel, wirkt tonisierend auf Nieren, Dickdarm und Magen und leitet feuchte Hitze aus. Um in den vollen Genuss seiner Heilkräfte zu kommen, sollte man ihn roh, als Saft oder nur leicht gedämpft, ergänzt mit einigen blähungshemmenden Gewürzen, einnehmen. Auch äusserlich als Wickel ist Kohl ein hervorragendes Mittel, roh bei Entzündungen und gedämpft (warm) bei Kältestagnationen.

Milchbraten

800 g Kalbsnierstück | Erde
weisser Pfeffer | Metall
½ TL Salz | Wasser
wenig Zitronensaft | Holz
wenig Kurkuma | Feuer
½ EL Mehl | Erde

2 EL Maiskeimöl | Erde
einige Fenchelsamen, zerstossen | Metall
2 TL Kardamomsamen oder 1 TL Pulver | Metall
2 Knoblauchzehen, ganz | Metall
1 Zwiebel, halbiert | Metall
2 Lorbeerblätter | Metall
2 Prisen Salz | Wasser
2 EL Weizenbier | Holz
2 Prisen Rosenpaprika | Feuer
1 l Vollmilch | Erde

Das Fleisch mit Pfeffer, Salz, Zitronensaft und Kurkuma würzen und mit Mehl bestäuben.

In einem grossen Bratentopf das Öl erhitzen, das Fleisch rundherum scharf anbraten, aus dem Topf nehmen und warm stellen.

Die Hitze reduzieren. Im Bratfond die Würzzutaten bis und mit Salz andämpfen, mit dem Bier ablöschen und den Paprika darunter rühren.

Den Braten zurück in den Topf geben, mit der Milch begiessen und zugedeckt im auf 200 Grad vorgeheizten Backofen etwa 1 1/4 Stunden schmoren lassen; zwischendurch einmal wenden.

Den Braten herausnehmen, warm gestellt etwas ruhen lassen. Den Fond auf die Hälfte einkochen und mit dem Stabmixer sämig rühren. (Die Sauce ist leicht flockig.) Falls nötig, im Kreislauf der fünf Elemente nachwürzen.

Den Braten aufschneiden und zusammen mit der Sauce servieren.

Wirkung des Gerichts:

- Schmoren in Milch ist eine yinisierende Kochmethode, während das Schmoren in Alkohol yangisierend wirkt. Dieses Rezept kann sowohl an kühlen Sommertagen wie auch im Winter das richtige Gericht bei Qi- und Yin-Mangel sein.
- Statt mit Kalbfleisch (Erde), kann das Gericht auch mit Schweinefleisch (Wasser) zubereitet werden.
- Kardamom ist scharf bis leicht bitter und warm. Es enthält reichlich ätherische Öle und appetitanregende, blähungstreibende Bitterstoffe. Es wirkt lösend auf Schleimstagnationen in Magen und Lunge. Der Milch beigefügt, neutralisiert Kardamom deren schleimbildende Wirkung. In Kaffee mitgekocht, entgiftet es das Koffein.

Lammkoteletten in Thymiansauce

4–8 Lammkoteletten (ca. 500 g) | Feuer
wenig Süssholzpulver | Erde
schwarzer Pfeffer | Metall
wenig Salz | Wasser
etwas Zitronensaft | Holz
wenig Rosmarinpulver | Feuer

1–2 EL Maiskeimöl | Erde
3–4 Knoblauchzehen, gehackt | Metall
wenig Wasser | Wasser
1 EL Zitronensaft | Holz
viel Thymian, frisch oder getrocknet | Feuer
1 Prise Safranpulver | Erde
100 ml Rahm | Erde
schwarzer Pfeffer | Metall
Salz | Wasser

Das Fleisch von allfälligen Knochensplittern befreien, am äusseren Rand einschneiden, damit es sich beim Braten nicht wölbt. Mit den Gewürzen einreiben.

Das Öl erhitzen und die Lammkoteletten auf jeder Seite 2–3 Minuten anbraten; warm stellen.

Im Bratfond den Knoblauch andämpfen, den Fond mit wenig Wasser auflösen, Zitronensaft, Thymian und Safran beigeben und wenige Minuten köcheln lassen. Den Rahm einrühren und mit Pfeffer und Salz abschmecken.

Das Fleisch zurück in die Sauce geben und nochmals kurz köcheln lassen.

Wirkung des Gerichts:

- Tonisiert Qi, Yang und Blut.
- Lammfleisch ist süss bis leicht bitter und warm bis heiss. Es gehört zu den wärmsten Fleischsorten (Feuerelement), stärkt und wärmt Milz und Nieren. Die Zugabe von warmen bis heissen Gewürzen und Kräutern (Thymian ist bitter, scharf, leicht adstringierend und warm) verstärkt die durchwärmende Wirkkraft. Durch eine Rahm- oder Joghurtsauce wird die Wärme und Trockenheit des Lammfleisches gemildert.

Rindfleischcurry mit Erdnüssen

150 g Erdnüsse | Erde

4 EL Rapsöl | Erde
500 g Rindshuft, in 2,5 cm grosse Würfel geschnitten | Erde
300 ml Kokosmilch | Erde

wenig Öl | Erde
4 Knoblauchzehen, gehackt | Metall
2 rote Chilischoten, entkernt und fein geschnitten | Metall

200 ml Rindsbouillon | Wasser
1 TL Zitronensaft | Holz
wenig Kurkuma | Feuer
2–3 EL Zucker | Erde
300 ml Kokosmilch | Erde
2 EL rotes Currypulver | Metall

Die Erdnüsse in wenig Öl goldbraun rösten, warm stellen.

In derselben Bratpfanne das Öl erhitzen, das Fleisch anbraten, die Kokosmilch beigeben und 30 Minuten köcheln lassen.

In der Zwischenzeit in einer zweiten Pfanne nochmals wenig Öl erwärmen, Knoblauch und Chili darin andämpfen und dann in einen Mixbecher geben.

In derselben Pfanne alle übrigen Zutaten zusammen aufkochen, mit der Hälfte der Erdnüsse ebenfalls in den Mixbecher geben und alles pürieren. Die Sauce zum Fleisch geben und nochmals kurz köcheln lassen.

Anrichten und mit gerösteten Erdnüssen bestreuen.

Wirkung des Gerichts:

- Das Gericht ist stark erwärmend und geschmacklich scharf, vertreibt somit Kälte und schützt das Yang.
- Erdnüsse, zur Familie der Hülsenfrüchte gehörend und einst von den Seefahrern nach Europa gebracht, sind reich an pflanzlichen Eiweissen und enthalten viel Fett, aus dem die Erdnussbutter und das Erdnussöl gewonnen wird.
- Nüsse sind süss, leicht bitter und warm und wegen ihres Fettgehalts von schwerer Wirkkraft. Sie helfen bei inneren Windproblematiken (Unruhe, Nervosität).

Schweinsfilet mit Ingwer

Für 6 Personen

600 g Schweinsfilet | (Wasser)

Marinade:
viel frische Ingwerwurzel, gehackt oder gerieben | Metall
2 Knoblauchzehen, gepresst | Metall
2 EL Sherry oder Reiswein | Metall
1/2 TL grob gemahlener schwarzer Pfeffer | Metall
3 EL helle Sojasauce | Wasser
1 EL Sherryessig | Holz
wenig Rosenpaprika | Feuer
1 EL Honig | Erde

3 EL Sesamöl | Erde
1 rote und 1 grüne Peperoni (Paprika), fein geschnitten | Erde
wenig Pfeffer | Metall
etwas Salz | Wasser

Das Fleisch unter kaltem Wasser kurz waschen, trockentupfen und gegen die Faser in 1 cm breite Streifen schneiden.

Alle Zutaten zur Marinade verrühren und das Fleisch 1 Stunde darin marinieren.

Das Öl im Wok stark erhitzen, die Peperoni darin kurz anbraten, dann das marinierte Fleisch 2 Minuten scharf anbraten, mit Salz würzen. Eventuell die restliche Marinade darüber giessen und das Gericht pfannenfertig rühren.

Dazu chinesische Glasnudeln oder feine Eiernudeln servieren.

Wirkung des Gerichts:

- Schweinefleisch ist süss, leicht salzig und kühl. Es tonisiert das Nieren- und Leber-Yin.
- Schweinefleisch hat eine abkühlende Thermik, was im Winter oder bei innerer Kälteproblematik einen Ausgleich durch scharf-warme Zutaten und yangisierende Kochmethoden braucht.
- Wildschwein hingegen ist süss und warm und wirkt nährend und stärkend auf Qi und Yang von Milz, Nieren und Leber.

Lammfilet auf warmem Linsensalat

½ TL Rosmarinnadeln | Feuer
½ TL Thymianblätter | Feuer
½ TL Bockshornkleesamen | Feuer
2 EL Ghee oder Butterschmalz | Erde
1–2 Karotten, fein geschnitten | Erde
1 Zwiebel, fein geschnitten | Metall
1 Stange Lauch, fein geschnitten | Metall
1 Lorbeerblatt | Metall
150 g rote Linsen | Wasser/Erde
wenig Salz oder Kelp | Wasser

Sauce:
wenig Salz | Wasser
3 EL Rotwein- oder Balsamicoessig | Holz
wenig Thymianpulver | Feuer
4 EL Nussöl | Erde
1 TL scharfer Senf | Metall
Pfeffer aus der Mühle | Metall

250 g Lammfilet | Feuer
1 EL Öl | Erde
schwarzer Pfeffer | Metall
Salz | Wasser

Rosmarin, Thymian und Bockshornklee vorsichtig in einer trockenen warmen Pfanne anrösten. Ghee oder Butterschmalz zugeben und die Gemüse darin andünsten.

Das Lorbeerblatt und die Linsen (ohne Einweichen) hinzufügen und mit warmem Wasser knapp bedecken. 15 Minuten köcheln lassen, so dass die Linsen noch bissfest sind. Am Schluss mit wenig Salz oder Kelp abschmecken. Das Lorbeerblatt entfernen.

Die Saucenzutaten, den Elementen folgend, verrühren, die warmen Linsen darunter mischen und zugedeckt ziehen lassen.

Das Lammfilet ins heisse Öl legen, mit Pfeffer und Salz würzen und rundherum rosa braten. Das Filet kurz ruhen lassen, dann aufschneiden und auf dem warmen Linsensalat anrichten.

Wirkung des Gerichts:

- Ein leichtes und nährendes Winteressen, das Qi und Yang von Nieren und Milz tonisiert.
- Linsen stärken und nähren das Qi der Nieren. (Rote Linsen sind übrigens geschälte braune Linsen.) Lammfleisch ist süss, leicht bitter und warm bis heiss.

Lammeintopf

2 EL Maiskeimöl | Erde
4 Zwiebeln, gehackt | Metall
Pfeffer aus der Mühle | Metall
1 TL Kümmel | Metall
1 TL Salz | Wasser
1 TL Hoisinsauce | Holz
750 g Lammragout | Feuer
200 ml Rotwein | Feuer
2 Prisen Zucker | Erde
300 g Kastanien | Erde
500 g Rotkohl, gehobelt | Metall
200 ml kräftige Bouillon | Wasser

In einem Brattopf das Öl erwärmen, Zwiebeln, Gewürze und die Hoisinsauce beigeben und andämpfen. Die Hitze erhöhen, das Fleisch mit Haushaltpapier trocken tupfen und portionenweise im Öl kräftig anbraten. Mit Rotwein ablöschen, Zucker, Kastanien und Kohl darunter mischen und mit der Bouillon aufgiessen. Die Hitze reduzieren und alles 70–80 Minuten schmoren lassen, dabei öfter wenden.

Wirkung des Gerichts:

- Das Gericht besteht aus wärmenden Zutaten (Lamm, Rotwein, Rotkohl, Kastanien) und ist lange gekocht – wie es die richtige Winterernährung verlangt, um das eigene Yin vor Kälte zu schützen und das Yang zu bewahren.
- Der rote Farbstoff im Rotkohl heisst Anthocyan. Die rote Farbschwingung ist in der TCM dem Feuerelement zugeordnet, dem Herzen und dem Blut. Rotkohl enthält denn auch tatsächlich herzfreundliche und blutnährende Inhaltsstoffe.

Riesencrevetten Szetschuan

500 g Riesencrevetten, geschält | Wasser

Marinade:
½ TL Salz | Wasser
2 EL Wasser | Wasser
1 TL Zitronensaft | Holz
wenig Rosenpaprika | Feuer
1 EL Maisstärke oder Pfeilwurzmehl | Erde
2 Eiweiss | Metall

Sauce:
1 TL Maisstärke oder Pfeilwurzmehl | Erde
2 EL Reiswein oder trockener Sherry | Metall
wenig weisser Pfeffer | Metall
wenig frisch geriebener Ingwer | Metall
1 EL Sojasauce | Wasser
1 EL Hoisinsauce | Holz
½ TL Kurkuma | Feuer
1 EL Ahornsirup oder Akazienhonig | Erde

2 EL Sesam- oder Erdnussöl | Erde

Alle Zutaten für die Marinade in der Reihenfolge der Elemente mit dem Schwingbesen verrühren und die Riesencrevetten darin 30 Minuten ziehen lassen.

In der Zwischenzeit die Saucenzutaten, ebenfalls den Elementen folgend, verrühren.

Im Wok oder in einer Bratpfanne das Öl erhitzen. Die Riesencrevetten aus der Marinade nehmen und im Öl auf beiden Seiten anbraten. Die Hitze reduzieren, die Sauce darüber giessen und kurz köcheln lassen, bis sie sämig ist.

Wirkung des Gerichts:

- Crevetten, Garnelen, Shrimps sind süss, leicht salzig und warm, stärken und nähren das Qi und Yang der Nieren und vertreiben Kälte im unteren Erwärmer (Becken).
- Wer Crevetten nicht mag (oft schwermetallbelastet), kann dieses Gericht mit Hühnerfleisch zubereiten – was dann wärmend auf die Leber wirkt.
- Kurkuma (Gelbwurz), der Hauptbestandteil des Currypulvers, ist bitter, scharf, adstringierend und warm. Es ist ein Heilmittel mit langer Tradition und vielfältiger Wirkung: es stärkt die Magen-Darm-Schleimhäute (Reizdarm), regt den Gallenfluss an (Fettverdauung) und hemmt die Ansiedelung von Bakterien und Pilzen.
- Das Braten im Wok wirkt yangisierend, und durch die wärmenden Zutaten wird das Gericht schmackhaft, nährend und wärmend.

Heilbutt auf Federkohl

1 grosser Federkohl | (Metall)

1 EL Bratbutter | Erde
1 Prise Zimt | Erde
1 grosse Karotte, in Stäbchen geschnitten | Erde
1 Stange Lauch, fein geschnitten | Metall
fein geschnittener Kohl | Metall
Pfeffer aus der Mühle | Metall
50 ml Weisswein | Metall
600 g Heilbutt- oder Kabeljaufilets | Wasser
100 ml aufgekochter Fischfond | Wasser
½ Becher (90 g) Sauerrahm | Holz
1 Prise Kurkuma | Feuer
½ TL Safran | Erde

Vom Federkohl 12 schöne Blätter 20 Minuten über Dampf garen. Den restlichen Kohl fein schneiden.

Die Bratbutter erwärmen, den Zimt beigeben und das Gemüse darin andämpfen. Mit Pfeffer würzen, mit dem Wein ablöschen und leise köcheln lassen.

Inzwischen eine ofenfeste Form ausbuttern, die Fischfilets und den Fischfond hineingeben, mit gebuttertem Backpapier abdecken und bei 160 Grad im vorgeheizten Ofen 15 Minuten pochieren.

Die Garflüssigkeit vom Fisch zum Gemüse geben, mit Sauerrahm verfeinern und mit Kurkuma und Safran würzen. Die Sauce nur noch kurz erwärmen.

Die vorgedämpften Kohlblätter auf Teller legen, den Fisch darauf verteilen und mit Sauce überziehen.

Wirkung des Gerichts:

- Ein wärmendes Fischgericht für Nieren und Leber – Qi, Yin und Yang stärkend.
- Fischeiweiss ist dank seiner lockeren Struktur leicht verdaulich, belastet den Magen nicht und enthält viel Wasser. (Dies gilt natürlich nicht, wenn der Fisch sehr fett ist oder in Öl oder einer dicken Mayonnaise schwimmt.)
- Dem Kohl, botanisch zur Familie der Kreuzblütler gehörend, wird nicht nur in unserer Ernährungsgeschichte, sondern auch in der TCM ein Loblied gesungen: Er gehört zu den Gemüsen, die alle Yin- und Yang-Organe tonisieren. Grünkohl hat, wie seine Farbe verrät, noch einen speziellen Bezug zum Holzelement: Das in ihm enthaltene Chlorophyll, Magnesium und Eisen machen ihn zum Aufbaumittel für das Blut.

Pudding mit Nüssen

Für 6 Personen

100 g Trockenfrüchte, gemischt, fein geschnitten | Erde
40 g ungesalzene Pistazien, grob gehackt | Erde
2 EL Orangenlikör | Erde/Feuer

6 Eigelb | Erde
100 g weiche Butter | Erde
1 EL Honig | Erde
1/2 TL Zimtpulver | Erde
2 EL Vanillezucker | Erde
1 Msp. Nelkenpulver | Metall
1 Msp. Muskatnuss, frisch gemahlen | Metall
1 Prise Salz | Wasser
1 EL Kichererbsen, vorgekocht | Wasser/Erde
1 EL Weizenkörner, vorgekocht | Erde/Holz
1/2 unbehandelte Orange, abgeriebene Schale | Feuer
marinierte Trockenfrüchtemischung | Erde

30 g Maisstärke (Maizena) oder Pfeilwurzmehl | Erde
6 Eiweiss, sehr steif geschlagen | Metall

Trockenfrüchte, Pistazien und Orangenlikör mischen und 30 Minuten ziehen lassen.

Die Eigelbe mit der Butter und den Würzzutaten schaumig schlagen. Kichererbsen, Weizenkörner, Orangenschale und die marinierte Trockenfrüchtemischung dazugeben.

Die Maisstärke mit dem Eischnee sorgfältig mischen und unter die Puddingmasse ziehen.

Eine Pudding- oder Gugelhopfform ausbuttern und mit Paniermehl (selbst gemacht) ausstreuen. Die Masse in die Form füllen, die Oberfläche abdecken und den Pudding zu 2/3 in ein Wasserbad stellen. Zugedeckt etwa 70 Minuten auf mittlerer Hitze garen.

Mit einem Holzstäbchen prüfen, ob der Pudding gar ist (es darf nichts mehr am Stäbchen haften). Aus dem Wasserbad nehmen und zugedeckt 10 Minuten ruhen lassen. Mit einer selbst gemachten Vanillesauce servieren.

Wirkung des Gerichts:

- Es ist eine warm gegessene, mässig süsse Nachspeise (befeuchtend) aus lauter natürlichen Zutaten, ergänzt mit scharf-bitteren Gewürzen.
- Nüsse, Trockenobst, Getreide, Butter und Honig wirken in kleinen Mengen nährend und stärkend auf das Qi der Mitte.

Feigen in Chianti (Rezept Seite 126)

Feigen in Chianti

Sud:

2 EL Vollrohrzucker | Erde
1 Vanillestange | Erde
1 Zimtstange, in 2–3 Stücke gebrochen | Metall
2–3 Gewürznelken | Metall
1 kleines Stück Ingwerwurzel, grob geschnitten | Metall
1 Prise Salz | Wasser
1 EL Orangensaft | Holz
½ EL abgeriebene Orangenschale | Feuer
½ l kräftiger Rotwein (Chianti) | Feuer

8 reife Feigen | Erde

Alle Sudzutaten mischen und aufkochen.

Die Feigen halbieren, 2 Minuten im Sud leise köcheln lassen, dann herausnehmen. Den Sud auf die Hälfte einkochen und durchsieben.

Die Feigen auf Desserttellern anrichten, mit der Sauce übergiessen und mit wenig ungesüsstem Schokoladenpulver bestreuen.

Tip: Dazu passt wunderbar ein Zimtparfait.

Wirkung des Gerichts:

- Ein wärmendes winterliches Dessert, wenn es ohne Parfait gegessen wird; mit einem Parfait ist es mässig befeuchtend und thermisch neutral bis kühl.
- Feigen sind süss und neutral bis warm. Die Feige ist eigentlich keine Frucht, sondern eine fleischgewordene Blüte mit sehr vielen Zellfasern und Pflanzenschleimstoffen (stuhlgangfördernd). Feigen enthalten sehr viel Vitamin B_1 (nervenstärkend), viel Kalzium und Phosphor für die Knochen und sind in ihrer Wirkkraft ähnlich wie Datteln und Rosinen: sie sind Qi-aufbauend.

Feigen-Mandel-Creme

150 g ungeschwefelte getrocknete Feigen | Erde

5 EL Mandelmus (Reformhaus) | Erde
½ TL Zimtpulver | Erde
1 Prise Nelkenpulver | Metall
1 Prise Muskatnuss | Metall
½ TL Kardamompulver | Metall
1 Prise Salz | Wasser
2 TL Zitronensaft | Holz
2 TL ungesüsstes Kakaopulver | Feuer
1 TL Getreidekaffee | Feuer
1–2 TL Akazienhonig | Erde

Die Feigen 3 Stunden in kaltem Wasser einweichen, dann fein schneiden. Saft und Feigen in einen Mixbecher geben.

Alle übrigen Zutaten, den Elementen folgend, hinzufügen und pürieren.

Wirkung des Gerichts:

- Sehr stark befeuchtend. Günstig bei Trockenheitsproblemen von Lungen (trockener Reizhusten) und Dickdarm (Trockenheitsverstopfung).
- Feigen sind süss und frisch von neutraler, getrocknet von warmer Thermik.
- Mandeln sind süss, leicht bitter und warm. Aus den sehr eiweiss- und fettreichen Nüssen wird Mandelmilch oder Mandelöl gewonnen; sie haben einen hohen Vitamin-A-Gehalt (schleimhautschützend) und sind reich an Mineralstoffen und Spurenelementen, was sie zu einem sehr wertvollen (jedoch auch kalorienreichen) Nahrungsmittel macht.
- Man nennt die Mandel auch «Frauenfrucht», weil sie mit ihren Inhaltsstoffen als Kraftquelle für Schwangere und Wöchnerinnen und mit ihren hormonähnlich wirkenden Enzymen als weibliche Kraftquelle überhaupt gilt, die aber auch den Männern nicht vorenthalten sei.

Nahrungsmitteltabellen

Tabelle 1 | GETREIDE

Name	Thermik	Geschmack	Wirkung
Amaranth	kühlend	süss, leicht bitter	Milz stärkend/entschleimend
Buchweizen	kühlend	süss, leicht bitter	Milz stärkend/entschleimend
Bulgur	kühlend	süss	Mitte stärkend/leicht verdaulich
Dinkel	neutral bis wärmend	süss	Milz-Qi tonisierend
Gerste	kühlend	süss, leicht salzig	Hitze ausleitend
Grünkern	kühlend	süss, leicht säuerlich	Leberhitze kühlend
Hafer	neutral bis wärmend	süss, leicht bitter	Qi und Nerven tonisierend
Hirse	kühlend	süss, leicht bitter, leicht salzig	Qi tonisierend und Hitze kühlend
Mais	neutral	süss	Qi und Blut tonisierend
Reis:			
– Rundkorn	neutral bis kühlend	süss, leicht bitter, aromatisch	Magen/Milz harmonisierend
– Langkorn	neutral bis wärmend	süss	Qi stärkend/Mitte harmonisierend
– Klebreis	wärmend	süss	Qi tonisierend/Mitte stärkend
– Vollreis	neutral bis kühlend	süss, leicht bitter	Qi stärkend, aufbauend
– Wildreis	kühlend	süss, bitter	Blut tonisierend/Hitze kühlend
Quinoa	neutral	süss, leicht bitter	Blut und Qi tonisierend
Roggen	neutral bis wärmend	süss, leicht bitter	Qi stärkend und nährend
Weizen	kühlend	süss	Qi, Blut und Yin tonisierend
Weizenkleie	kühlend	süss	Mitte stärkend
Weizenkeimlinge	kühlend	süss, leicht scharf	Leberhitze kühlend
Weizenmehl	neutral bis kühl	süss, befeuchtend	Yin tonisierend

Aus Sicht des Yin-Yang-Gleichgewichts gehört Getreide zur Mitte, ist mehrheitlich süss (Kohlenhydrate, Stärke) und wirkt Qi stärkend und die Mitte (Erdelement) nährend und harmonisierend.

Kühlende Getreide bei innerer Hitzeproblematik und wärmende Getreide bei innerer Kälteproblematik.

Vorsicht: Getreide wird leicht «sauer» verstoffwechselt, deshalb sollte es immer mit Gemüse zusammen gegessen werden. Auch enzymreiche Zutaten, z.B. Miso, Tempeh, Brottrunk oder Keimlinge, sind hilfreich für die Kohlenhydratverdauung.

Jedes Getreide ist gekennzeichnet durch seinen Geschmack, sein Temperaturverhalten und seine Wirkung auf die Körperfunktionen. Die meisten Getreide zeigen in ihrem Rohzustand eine kühlende Tendenz, in gekeimter Form verändern sich sowohl der Geschmack wie auch die Thermik: Keimlinge wirken kühlender, ihr Geschmack entspricht der jeweiligen Getreideart. Ebenso verändert sich der Geschmack, wenn das Getreide gemahlen wird. Getreidemehl ist süsser und verliert seine hitzeausleitende Wirkung.

Tabelle 2 | HÜLSENFRÜCHTE

Name	Thermik	Geschmack	Wirkung
Adzukibohnen	neutral	süss	Milz tonisierend/diuretisch
Bockshornkleesamen	wärmend	bitter, scharf	Verdauung fördernd
Erbsen gelb	neutral	süss	Milz tonisierend
Erbsen grün	neutral bis leicht kühl	süss	Milz tonisierend
Erdnüsse	neutral bis wärmend	süss, fett	Lungen befeuchtend
Gemüsebohnen	neutral	süss	Qi und Blut tonisierend
Kefen (Zuckerschoten)	neutral	süss	Qi und Blut tonisierend
Kichererbsen	neutral	süss	Qi von Milz/Nieren stärkend
Linsen	neutral	süss	Qi und Blut tonisierend
Linsen rot	neutral bis wärmend	süss	Qi von Nieren und Herz tonisierend
Saubohnen	neutral	süss	Milz tonisierend/Nässe ausleitend
Schwarze Bohnen	neutral	süss	Milz/Nieren tonisierend
Sojabohnen grün	kühlend bis kalt	süss	Hitze ausleitend
Sojabohnen gelb	neutral bis kühlend	süss	Hitze ausleitend
Sojabohnen schwarz	neutral	süss	Milz/Nieren tonisierend/diuretisch
Sojamilch	kühlend bis kalt	süss	Hitze ausleitend
Sojaquark (Tofu)	kühlend	süss	Hitze ausleitend/befeuchtend
Sojasprossen	kühlend	süss	feuchte Hitze ausleitend
Weisse Bohnen (Lima-)	neutral bis kühl	süss	Milz tonisierend/diuretisch

Hülsenfrüchte, botanisch zu den Leguminosen (Schmetterlingsblütlern) gehörend, sind sehr eiweissreich, enthalten wenig Fett, viele Vitamine und Mineralstoffe für Blutbildung, Knochenbildung und Nervensystem. Ausserdem sind sie reich an Ballaststoffen für die Darmreinigung und ideal, um Feuchtigkeitsnässe aus dem Darm auszuleiten.

Der süsse Geschmack rührt auch hier von den Kohlenhydraten (Stärke) her. Das Temperaturverhalten ist meist neutral-kühl und allgemein Qi und Blut nährend sowie den mittleren Erwärmer harmonisierend. Hülsenfrüchte haben durch ihren mässig süssen Geschmack allgemein eine Qi tonisierende Wirkung. Im Gegensatz zu den Getreiden haben sie oft auch eine diuretische (ausleitende) Wirkkraft und weisen damit einen Bezug zu den Nieren auf (Erde/Wasser).

Hülsenfrüchte erst am Ende der Kochzeit salzen, sonst bleiben sie hart, und zur besseren Verträglichkeit Koriander, Kümmel, Thymian, Salbei, Fenchelsamen, Knoblauch und vor allem Bohnenkraut beigeben.

Tabelle 3 | NÜSSE, KERNE, SAMEN

Name	Thermik	Geschmack	Wirkung
Cashewnüsse	neutral	süss, fett	Magen und Darm stärkend
Erdnüsse	neutral bis wärmend	süss, fett	Lungen befeuchtend
Haselnüsse	neutral bis wärmend	süss, leicht bitter, fett	Milz und Nieren stärkend
Kastanien	wärmend	süss	Nieren und Milz stärkend
Kokosnuss	kühlend	süss	Hitze ausleitend
(Kokosmilch)	kühlend	süss	Säfte aufbauend
Kürbiskerne	neutral	süss, leicht bitter, fett	Nieren stärkend
Leinsamen	kühlend	süss, fad	Dickdarm befeuchtend
Mandeln	neutral	süss, leicht bitter, fett	Lungen befeuchtend
Paranüsse	neutral	süss, leicht bitter, fett	Milz und Lunge stärkend
Pekannüsse	neutral	süss, leicht bitter, fett	Milz und Lunge stärkend
Pinienkerne	wärmend	süss, fett	Lungen/Dickdarm befeuchtend
Pistazien	neutral	süss, leicht bitter	Lungen/Haut befeuchtend
Sesam schwarz	neutral	süss, fett	Leber und Nieren stärkend
Sesam weiss	kühlend	süss, fett	Blut und Säfte nährend
Sonnenblumenkerne	neutral	süss, fett	Yin nährend /befeuchtend
Tamarinden	neutral	süss, leicht bitter	Lungen/Milz/Nieren stärkend
Walnüsse	wärmend	süss, bitter, fett	Nieren/Lungen stärkend

Nüsse, Kerne und Samen haben einen hohen Gehalt an Eiweiss, essenziellen Fettsäuren und Vitamin E, die herz- und nervenfreundlich sind. Nüsse sollten wegen ihrem Fettgehalt kühl aufbewahrt werden, da sie sonst ranzig werden, und oxidierte Fette verträgt der Körper sehr schlecht. Sie sind auch reich an B-Vitaminen (Nervensystem) und werden (püriert) auch empfohlen bei Magen-Darm-Krankheiten.

Geröstet sind Nüsse schmackhafter, und ihre wärmende Eigenschaft wird dadurch erhöht. Bei Schleim-Hitze-Problemen sollte man nicht zu viel Nüsse essen, hingegen sind sie hilfreich bei innerer Windproblematik (Unruhe, Nervosität), ayurvedisch Vata-Störungen.

Nüsse sind wegen ihres Eiweissgehalts auch ein idealer Milchersatz bei Milcheiweiss-Unverträglichkeit, und in der TCM-Ernährungslehre sind sie – energetisch/thermisch gesprochen – auch Fleischersatz, weil sie süss, wärmend und nährend sind und Qi-Jing und Yang aufbauen.

Tabelle 4 | GEMÜSE

Name	Thermik	Geschmack	Wirkung
Algen (Meeresgemüse)	kalt	salzig, fad	Verhärtungen lösend
Artischocke	kühlend	bitter, leicht süss	Leberhitze kühlend
Aubergine	kühlend	süss , leicht bitter	Blut und Hitze kühlend
Avocado	kühlend	süss, fett	Blut, Yin (Essenz) nährend
Bambussprossen	kalt	süss, leicht bitter	Hitze kühlend/Qi absenkend
Blumenkohl	neutral bis kühl	süss, leicht bitter	Lungen/Magenhitze kühlend
Bohnen grün	neutral	süss	Qi und Blut stärkend
Broccoli	kühlend	süss, leicht bitter	Leber und Blut kühlend
Champignons	kühlend	süss	Blut und Hitze kühlend
Chicoree	kühlend	bitter, süss	Leberhitze kühlend
Chinakohl	neutral bis kühlend	süss	Hitze kühlend/diuretisch
Fenchel	wärmend	süss, scharf	Qi regulierend/Mitte harmonisierend
Frühlingszwiebel	wärmend	scharf	Lunge/Magen öffnend
Gurke	kalt	süss, leicht bitter	Hitze kühlend/diuretisch
Karotte	neutral	süss	mittleren Erwärmer nährend
Kartoffel	neutral	süss	Milz- und Magen-Qi stärkend
Knoblauch	wärmend bis heiss	scharf	Qi bewegend/entschleimend
Kohl (grün)	neutral bis wärmend	scharf, süss	Milz/Magen regulierend
Kohl (rot)	neutral bis wärmend	scharf, süss	Milz/Magen/Blut reinigend
Kohlrabi	neutral	scharf, süss	Leber/Galle/Nieren tonisierend
Krautstiele	kühlend	süss, bitter	Lungenhitze kühlend
Kresse	kühlend	scharf	Blut reinigend/Qi regulierend
Kürbis	neutral bis wärmend	süss	Mitte nährend/Qi stärkend
Lattich	kühlend	süss, bitter	Hitze kühlend/diuretisch
Lauch	wärmend	scharf, süss	Qi bewegend/Mitte wärmend
Peperoni (Paprika)	kühlend	süss, leicht scharf, bitter	Qi und Blut bewegend
Pastinake	neutral bis wärmend	süss, bitter, scharf	Magen/Darm/Lunge regulierend
Radieschen	kühlend	scharf	Bluthitze/Blutstagnationen lösend
Rettich	neutral bis kühl (roh)	scharf	Lungen/Magen entschleimend
Randen (Rote Bete)	neutral	süss, leicht bitter	Milz-/Magen-Qi regulierend
Rucola	neutral bis kühlend	scharf, bitter	Appetitanregend
Salat (Blatt-)	kühlend bis kalt	süss, leicht bitter	Hitze kühlend
Sauerkraut	kühlend	sauer	aus Magen/Darm Hitze ausleitend
Schwarzwurzel	kühlend	süss, leicht bitter	Blut reinigend und kühlend
Sellerie	kühlend	süss, leicht bitter	Leber-/Magenhitze kühlend

Shiitake-Pilze	neutral	süss	Milz-/Magen-Qi stärkend
Spargel	kühlend	süss, bitter	Lungen-/Nieren-Yin tonisierend
Spinat	kühlend	süss, leicht bitter	Leber und Blut kühlend
Tomaten	kühlend bis kalt	süss, sauer	Leber-Yin stützend
Topinampur	neutral	süss	Milz-/Lungen-Qi stärkend
Zucchini	kühlend	süss, bitter	Magen-/Leberhitze kühlend
Zwiebel	wärmend	scharf, süss	Qi bewegend/Magen öffnend

Gemüse – die tägliche Quelle von nährender und heilender Kraft – stimulieren die Verdauungsdrüsen, regulieren die Körpersäfte, nähren das Blut und harmonisieren durch ihre Vitalstoffe den Stoffwechsel. Viele Gemüse verändern durch Kochen ihren Geschmack. Gekocht werden sie meist süss, womit ihre «die Mitte» stärkende und nährende Wirkkraft betont wird. Im Rohzustand ist der Geschmack wie auch das Temperaturverhalten je nach Gemüseart unterschiedlich. Ob ein Gemüse roh oder gekocht verwendet wird, hängt davon ab, welche Organfunktionen «bewegt» werden sollen.

Tabelle 5 | FRÜCHTE, (WILD-)BEEREN

Name	Thermik	Geschmack	Wirkung
Ananas	kühlend bis neutral	süss, sauer	Verdauung aktivierend
Aprikose	neutral bis wärmend	süss, sauer	Säfte tonisierend
Apfel	neutral bis kühlend	süss, leicht sauer	Durchfall behebend
Banane	kalt	süss	Dickdarm befeuchtend
Berberitze	kühlend bis kalt	sauer, adstringierend	entzündungshemmend
Birne	kühlend	süss, leicht sauer	Lungen-/Magenhitze kühlend
Brombeere	kühlend	süss, sauer, adstringierend	Säfte und Blut bildend
Dattel	neutral	süss	Blut und Säfte tonisierend
Eberesche	kühlend	sauer, adstringierend	darmreinigend
Erdbeere	kühlend	süss, sauer	Säfte und Blut bildend
Feige, frisch	neutral bis wärmend	süss	Mitte stärkend/befeuchtend
Granatapfel	wärmend	süss, sauer	Kälte-Durchfall behebend
Grapefruit	kühlend bis kalt	süss, sauer	durststillend/Qi absenkend
Hagebutte	kühlend	sauer, adstringierend, leicht bitter	diuretisch/blutreinigend
Heidelbeere	kühlend	süss, sauer, adstringierend	Säfte bildend/Durchfall hemmend
Himbeere	kühlend	süss, sauer	mild abführend/diuretisch
Holunder	kühlend bis neutral	bitter, süss	darmreinigend
Johannisbeere	kühlend	süss, sauer, adstringierend	Säfte und Blut bildend
Kaki	kalt	süss, adstringierend	Lungenhitze kühlend

Karambole	kühlend bis kalt	süss, sauer	Hitze kühlend
Kirsche	wärmend	süss	Blut nährend
Kiwi	kalt	süss, sauer	Hitze kühlend
Kumquat	wärmend	süss, scharf, sauer	Qi regulierend/entstauend
Litschi	neutral bis wärmend	süss, sauer	Blut und Qi tonisierend
Mandarine	kühlend	süss, sauer	Säfte tonisierend/befeuchtend
Mango	kühlend	süss, sauer	Säfte und Blut bildend
Mispel	kühlend bis neutral	süss, sauer	Lungen befeuchtend
Melone	kühlend	süss	Hitze kühlend/befeuchtend
Mirabelle	kühlend	süss, sauer	Hitze kühlend
Orange	kühlend bis kalt	süss, sauer	Säfte tonisierend/Qi absenkend
Papaya	neutral	süss, leicht bitter	Magen-Qi regulierend
Pfirsich	neutral bis wärmend	süss, sauer	Säfte tonisierend
Pflaume	neutral bis wärmend	süss, sauer	Leberhitze kühlend
Preiselbeere	kühlend bis neutral	süss, sauer, adstringierend	Appetit steigernd
Quitte	neutral bis kühlend	adstringierend, leicht bitter	Darm tonisierend und reinigend
Rhabarber	kalt	sauer, adstringierend	darmreinigend/abführend
Sanddorn	kühlend bis neutral	süss, sauer	Lungen-Qi/Immunsystem stärkend
Schlehe	kühlend	sauer, adstringierend	blutreinigend/diuretisch
Stachelbeere	kühlend	süss, sauer	Hitze kühlend/Darm
Traube	neutral bis wärmend	süss	Blut und Qi tonisierend
Wassermelone	kalt	süss	Hitze kühlend/diuretisch
Weissdornfrüchte	neutral bis kühlend	sauer, adstringierend, leicht süss	Säfte bewahrend/Herz-Qi regulierend
Zitrone	kalt	sehr sauer	Hitze ausleitend
(Zitronenschale)	neutral bis warm	sehr bitter	Kälteschleim trocknend

Früchte – mit natürlichem Zucker als Energiespender – sind dank ihrer erfrischenden Wirkung ideale Durstlöscher (Sommer) und wirken heilend bei innerer Hitzeproblematik.

Früchte sind im Rohzustand meistens von kühlender Thermik. Um ihre abkühlende bis kältende, nicht aber ihre säftebewahrende Wirkung zu mildern, kocht oder dünstet man sie. Einigen Früchten wird auch eine wärmende Thermik zugesprochen, die sich nährend und tonisierend auf das Blut auswirkt.

Tabelle 6 | FISCHE, MEERESFRÜCHTE

Name	Thermik	Geschmack	Wirkung
Aal	wärmend	süss/fett	Qi und Blut tonisierend
Auster	neutral bis kühlend	süss, salzig	Leber/Nieren/Blut und Yin tonisierend
Barsch	neutral	süss, leicht salzig	Qi und Blut tonisierend
Forelle	neutral bis wärmend	süss	mittleren Erwärmer harmonisierend
Garnele	wärmend	süss, leicht salzig	Nieren-Qi und Yang tonisierend
Hai	neutral	süss, leicht salzig	Qi/Blut und Yin tonisierend
Hering	neutral bis kühlend	süss, leicht salzig	Qi und Blut tonisierend
Hummer	neutral bis wärmend	süss, leicht salzig	Nieren-Qi und Yang tonisierend
Karpfen	neutral	süss, leicht salzig	Qi und Blut tonisierend
Kaviar	kalt	salzig	Nieren-Yin tonisierend
Krabbe	kalt	süss, leicht salzig	Yin tonisierend
Krebs (Süsswasser)	kalt	süss	Yin tonisierend
Lachs	kühlend	süss, leicht salzig, fett	Qi und Blut tonisierend
Meeresschnecke	neutral	süss, salzig	Leber-/Nieren-Yin tonisierend
Miesmuschel	wärmend	salzig	Leber-/Nieren-Qi und Yang tonisierend
Sardine	neutral	süss, leicht salzig	Qi und Blut tonisierend
Thunfisch	neutral bis wärmend	süss, leicht salzig	Qi und Blut tonisierend
Tintenfisch	neutral bis kühlend	süss, salzig	Qi/Blut undYin tonisierend

Fischfleisch ist nahrhaft, einige Sorten enthalten die wichtige Omega-3-Fettsäure (entzündungshemmend) sowie die Vitamine A und D; sie sind mineralstoffreich und enthalten relativ viel Wasser. Das Fischeiweiss ist lockerer und deshalb leichter verdaulich als das tierische Eiweiss.

Alle Fische haben einen süssen, leicht salzigen Geschmack, mit mehrheitlich neutralem Temperaturverhalten und wirken auf Qi und Blut nährend und tonisierend.

Kaltwasserfische sind bei Yin-Mangel und innerer Hitzeproblematik angezeigt, Warmwasserfische tonisieren und nähren Qi und Blut.

Meeresfrüchte befeuchten das Yin und wirken durch ihren salzigen Geschmack und ihre kühlende bis kalte Thermik kühlend bei innerer Hitzeproblematik.

Tabelle 7 | FLEISCH

Name	Thermik	Geschmack	Wirkung
Ente	neutral bis kühlend	süss, leicht salzig	Qi/Blut und Yin tonisierend
Fasan	wärmend	süss, leicht sauer	mittleren Erwärmer tonisierend
Gans	neutral	süss	Milz-Qi tonisierend
Kalb	neutral	süss	Milz-Qi tonisierend
Hase (wild)	neutral bis kühlend	süss	Milz-Qi tonisierend
Hirsch	wärmend	süss	Qi/Blut und Yang tonisierend
Huhn	wärmend	süss	Qi und Blut tonisierend
Hühnerei	neutral	süss	Blut/Yin und Jing tonisierend
Kaninchen	neutral bis kühlend	süss	Blut kühlend
Lamm	wärmend bis heiss	süss, leicht bitter	Milz- und Nieren-Yang tonisierend
Pferd	neutral	süss	Qi und Blut tonisierend
Reh	neutral bis wärmend	süss	Qi und Blut tonisierend
Rind	neutral	süss	Qi und Blut tonisierend
Schwein	kühlend	süss, fett	Blut und Yin tonisierend
Truthahn	wärmend	süss	Qi und Yang tonisierend
Wachtel	neutral	süss	Qi des mittleren Erwärmers tonisierend
Wildschwein	neutral bis wärmend	süss	Qi und Yang tonisierend
Ziege	wärmend	süss	Milz und Nieren-Yang tonisierend

Das Fleisch von pflanzenfressenden Wildtieren unterscheidet sich wesentlich von dem gezüchteter Nutztiere. Der Unterschied liegt im Futter. Wildtiere ernähren sich von Kräutern, Moosen, Farnen, deshalb enthält ihr Fleisch weniger gesättigte Fette, dafür wertvolle ungesättigte Fettsäuren und Omega-3-Fettsäure.

Fleisch tonisiert das Qi und Yang, man isst es vorzugsweise im Herbst und Winter, jener Zeit, in der man überhaupt nährende und wärmende Nahrung zu sich nehmen sollte.

Generell wirkt Fleisch nährend und kräftigend auf den mittleren Erwärmer. Je nach Fleischart und Zubereitung (fett/stark gebraten) kann «die Mitte» dadurch jedoch auch geschwächt werden.

Entsprechend seiner Konsistenz, der Tier- bzw. Fleischart (Wild-/Zuchtfleisch) wird es unterschiedlich den Elementen zugeordnet.

Tabelle 8 | MILCHPRODUKTE

Name	Thermik	Geschmack	Wirkung
Butter	neutral bis kühl	süss, fett	Qi/Blut tonisierend/befeuchtend
Buttermilch	kühlend	süss	befeuchtend/Hitze kühlend
Frischkäse	kühlend	süss	befeuchtend/Hitze kühlend
Ghee	neutral	süss, fett	Qi/Blut tonisierend/befeuchtend
Joghurt	kühlend bis kalt	süss, sauer	Yin tonisierend/Darm kühlend
Käse:			
– aus Kuhmilch	neutral bis wärmend	scharf, salzig, mässig süss	befeuchtend/erwärmend
– aus Schafsmilch	wärmend	scharf, salzig, mässig süss	erwärmend
– aus Ziegenmilch	wärmend	scharf, salzig, mässig süss	erwärmend
Milch:			
– Kuh-	neutral bis kühlend	süss	befeuchtend/kühlend
– Schaf- und Ziegen-	neutral bis wärmend	süss	befeuchtend/erwärmend
Quark	kühlend bis kalt	süss, leicht sauer	befeuchtend
Rahm	neutral	süss, fett	Qi/Blut tonisierend/befeuchtend
Sauerrahm	neutral bis kühl	sauer süss	Yin tonisierend

In China wie auch in Indien werden wenig Milch und Milchprodukte gegessen; sie spielen deshalb auch eine untergeordnete Rolle. Wie beim Fleisch hat auch bei der Milch (Milchprodukte) die Haltung und Fütterung der Tiere einen Einfluss auf ihre Energetik.

Milch – die Essenz (Jing) des Tieres – ist thermisch neutral, geschmacklich süss und von befeuchtender Konsistenz; sie wirkt tonisierend auf Säfte und Blut. Schaf-, Ziegen- und Stutenmilch wirken etwas weniger befeuchtend. Fermentierte Milch (Milchsäurebakterien) mit rechtsdrehender Milchsäure wirkt tonisierend auf den Darm (bei chronischer Trockenheitsverstopfung).

Käse und käseähnliche Produkte, wie sie in Europa viel genossen werden, finden ihre Zuordnung zu den Elementen entsprechend ihrem vorherrschenden Geschmack.

Tabelle 9 | ÖLE/FETTE

Name	Thermik	Geschmack	Wirkung
Erdnussöl	neutral	süss, fett	befeuchtend
Erdnussbutter	neutral	süss, fett	befeuchtend
Kokosfett	kühlend	süss, fett	befeuchtend
Margarine	neutral	süss, fett	befeuchtend
Mark	neutral bis wärmend	süss, fett	befeuchtend/nährend
Olivenöl	kühlend	süss, fett	befeuchtend/entzündungshemmend
Rapsöl	wärmend	süss, fett	befeuchtend/abführend
Schweineschmalz	neutral bis kühlend	süss, fett	befeuchtend
Sesamöl	neutral bis kühlend	süss, fett	befeuchtend/Haut und Darm
Sojaöl	neutral bis wärmend	süss, fett	befeuchtend/abführend
Sonnenblumenkernenöl	neutral bis kühlend	süss, fett	befeuchtend/Jing tonisierend
Walnussöl	wärmend	süss, fett	Nieren-Yang tonisierend
Weizenkeimöl	kühlend	süss, fett	Nieren-Jing tonisierend

Pflanzenöle aus Kernen und Samen (Kaltpressung) mit wertvollen ungesättigten Fettsäuren wirken bei Schwächezuständen aufbauend auf Qi und Blut, befeuchtend auf die Gewebe, nährend auf das Nieren-Jing und beseitigen Hitze- und innere Windkrankheiten.

Tierische Fette wirken schwerer, gehören zu den «festen» Fetten, und der Genuss von zu viel dieser Fette führt zu Hitze-Schleim-Erkrankungen.

Tabelle 10 | KÜCHENKRÄUTER

Name	Thermik	Geschmack	Wirkung
Alfalfa	neutral bis kühlend	leicht bitter, salzig, leicht, adstringierend	Blut reinigend und tonisierend
Bärlauch	neutral bis wärmend	scharf	entgiftend/Qi bewegend
Basilikum	wärmend	scharf, bitter, leicht süss	Verdauung/Schleim lösend
Bitterorangenschale	neutral bis kühlend	bitter, leicht scharf, leicht süss	Verdauung anregend
Bohnenkraut	wärmend	scharf, bitter, leicht süss	Verdauung/Schleim lösend
Borretsch	kühlend bis kalt	bitter, leicht süss, salzig	befeuchtend/entzündungshemmend
Brunnenkresse	neutral	scharf, leicht bitter	Verdauung/blähungstreibend
Dill	wärmend	scharf, leicht bitter	appetitanregend
Estragon	wärmend	bitter, leicht scharf	verdauungsfördernd
Fenchelsamen	wärmend	leicht scharf, süss	Verdauung/blähungstreibend

Frühlingszwiebel	wärmend	scharf	schweisstreibend
Kerbel	kühlend bis neutral	bitter, leicht süss	Bluthitze kühlend
Knoblauch	wärmend bis heiss	scharf, leicht salzig	Schleimkälte ausleitend
Kresse	kühlend	scharf, leicht bitter	Verdauung anregend/Immunsystem
Leinsamen	wärmend	süss, fad	schleimhautschützend
Lorbeer	wärmend	scharf, bitter	Verdauung fördernd
Liebstöckel	kühlend	bitter, scharf	Verdauung anregend
Löwenzahn	kühlend bis kalt	bitter	Leberhitze kühlend
Majoran	neutral	bitter, scharf, adstringierend	Verdauung harmonisierend/beruhigend
Meerrettich	wärmend bis erhitzend	sehr scharf	Yang tonisierend/Windkälte
Oregano	neutral	leicht scharf, bitter	Verdauung anregend
Petersilienblätter	wärmend	leicht scharf, bitter, adstringierend	blähungstreibend/harntreibend
Petersilienwurzel	neutral	süss, fade, leicht scharf	
Portulak	kühlend	süss, bitter	Blut reinigend
Rosmarin	wärmend	bitter, scharf, leicht adstringierend	Verdauung anregend/krampflösend
Salbei	wärmend	bitter, scharf, leicht adstringierend	Schleimkälte ausleitend
Sauerampfer	kühlend	sauer	harntreibend/Hitze kühlend
Sauerklee	kühlend	sauer	Bluthitze kühlend
Schnittlauch	wärmend	scharf, leicht bitter	Verdauung anregend
Thymian	wärmend	bitter, scharf	trocknend/anregend
Wacholderbeeren	wärmend	leicht scharf, bitter, adstringierend	blähungs- und harntreibend
Ysop	neutral bis warm	leicht scharf, bitter, adstringierend	Verdauung anregend/entschleimend
Zitronenschale	kühlend	bitter, leicht scharf	Hitze und Toxine ausleitend
Zwiebel	wärmend	scharf, süss	schleimlösend

Küchenkräuter sind eine tägliche Quelle der in ihnen reichlich enthaltenen Mineralstoffe, Spurenelemente und Vitamine. Die meisten wirken bei Verdauungsproblemen, regen die Verdauungssäfte an, regulieren und harmonisieren die Verdauungsprozesse.

Wärmende Kräuter tonisieren das Yang, und kühlende Kräuter tonisieren das Yin.

Bei der Zubereitung der Gerichte helfen die wärmenden Kräuter, die Wirkung kühlender Nahrungsmittel zu mildern. Sehr warme Nahrungsmittel erfahren durch die Zugabe von kühlenden Kräutern eine Temperaturabsenkung. Andererseits kann gerade durch das Zufügen von wärmenden bis heiss wirkenden Kräutern zu wärmenden Nahrungsmitteln eine kräftigende Wirkung (durchwärmend) und, falls sie von scharfem Geschmack sind, eine das Qi nach aussen bewegende Wirkung erreicht werden.

Tabelle 11 | GEWÜRZE

Name	Thermik	Geschmack	Wirkung
Algen	kühlend bis kalt	salzig, leicht süss	Bluthitze kühlend
Anissamen	wärmend	scharf, süss	blähungstreibend
Cayennepfeffer	heiss	sehr scharf	Kälte vertreibend
Chili	heiss	scharf	Kälte vertreibend
Curry	warm bis heiss	schar, bitter	Verdauung anregend
Essig	wärmend	sauer	Durchblutung/Magensaft anregend
Fenchelsamen	wärmend	scharf, süss	blähungstreibend
Hefe	erfrischend	sauer, süss, bitter	Verdauung anregend
Honig	neutral	süss	Qi und Blut tonisierend
Ingwer	warm bis heiss	scharf, leicht süss	Schleimkälte lösend
Kardamom	wärmend	scharf, leicht bitter, leicht süss	blähungstreibend/Verdauung anregend
Kelp (Algen)	kühlend bis kalt	salzig	Bluthitze-Toxine ausleitend
Koriander	neutral bis kühlend	bitter, scharf, leicht süss	blähungstreibend
Kurkuma (Gelbwurz)	wärmend	bitter, scharf, adstringierend	Schleimkälte trocknend
Kümmel	wärmend	scharf, süss	blähungstreibend
Miso	neutral bis kühlend	salzig, leicht sauer	Kohlenhydratverdauung
Muskatnuss	wärmend	scharf, adstringierend	feuchte Kälte vertreibend
Nelken	wärmend	scharf	feuchte Kälte vertreibend
Papain (Papayapulver)	kühlend	bitter-süss	Eiweissverdauung/Magen
Paprika mild	wärmend	bitter-leicht süss	Verdauung anregend
Pfeffer grün (unreif)	wärmend	scharf	Yang tonisierend/Qi-Zirkulation
Pfeffer weiss (vollreif)	warm bis heiss	sehr scharf	Yang tonisierend/Kälte vertreibend
Pfeffer schwarz	warm bis heiss	sehr scharf	Yang tonisierend/Kälte vertreibend
Rosenpaprika	wärmend	bitter-scharf	feuchte Kälte vertreibend
Safran	neutral bis kühlend	süss, bitter, scharf	Leber-Milz regulierend
Salz	kühlend	salzig	entzündungshemmend/aufweichend
Senfsamen	wärmend	scharf	feuchte Kälte vertreibend
Senf	wärmend	scharf, bitter	Verdauung anregend/Fettverdauung
Vanille	wärmend	süss	mild anregend auf Milz/Bauchspeicheldrüse
Zimtrinde	warm bis heiss	scharf, adstringierend	Kälte vertreibend/Durchfall
Zimtzweige	wärmend	scharf, bitter, leicht süss	Verdauungsorgane stimulierend

Gewürze, die als Würze verwendet werden, unterstützen die Verdauung, helfen Blähungen vermeiden und regen die Verdauungssäfte an. Sie sind sowohl Würzmittel wie auch Heilmittel und entsprechen in ihrer Wirkkraft ihrer Signatur.

Name	Thermik	Geschmack	Wirkung
Aloe	kühlend	bitter	Darm/chronische Verstopfung
Arnika	neutral	bitter, leicht süss, scharf	Herz-Qi tonisierend/Blutzirkulation
Baldrian	neutral bis kühlend	bitter, leicht süss, scharf	Herz-Qi tonisierend/entspannend
Beifuss(arten)	wärmend	sehr bitter, leicht scharf	Leber-/Magen-Qi anregend
Birkenblätter	kühlend	leicht bitter, adstringierend, scharf	entschlackend/Hitze klärend
Blütenpollen	neutral	süss-scharf, bitter	Herz/Nerven tonisierend
Bockshornkleesamen	wärmend	sehr bitter, scharf	Schleim lösend/stärkend
Brennnessel	wärmend	bitter, herb, leicht salzig	Blut reinigend/harntreibend
Eibisch	kühlend	leicht bitter, salzig, leicht scharf	Schleim lösend/erweichend
Eisenkraut	neutral bis kühlend	bitter, leicht scharf	Windhitze vertreibend
Engelwurz	wärmend	scharf, bitter, süss	mittleren Erwärmer tonisierend/ Verdauung
Erdrauch	kühlend	bitter, leicht salzig	Leber-Qi-Stagnationen lösend
Goldrute	kühlend	bitter, adstringierend	Nieren/feuchte Hitze ausleitend
Frauenmantel	kühlend bis kalt	adstringierend, leicht bitter	Bluthitze kühlend
Herzgespann	kühlend	bitter, leicht scharf, adstringierend	Herz-Qi tonisierend/Hitze ausleitend
Himbeerblätter	kühlend	adstringierend	feuchte Hitze ausleitend
Hirtentäschel	kühlend	leicht bitter, adstringierend, scharf	Blut tonisierend/Hitze klärend
Holunderblüten	neutral bis kühlend	bitter, süss, leicht scharf	Lungen/feuchte Hitze ausleitend
Huflattich	kühlend	bitter, leicht adstringierend, süss	Lungen/feuchte Hitze ausleitend
Jasminblüten	wärmend	scharf, leicht süss	unteren Erwärmer tonisierend
Johanniskraut	neutral bis kühlend	leicht, bitter, süss, adstringierend	entzündungshemmend
Irländisch Moos	kühlend	leicht süss, salzig, fad	Yin tonisierend/Bluthitze kühlend
Isländisch Moos	kühlend	bitter, leicht süss, salzig, adstringierend	Yin tonisierend/Husten lösend
Kamille	neutral	leicht bitter, süss	Verdauung harmonisierend
Lavendel	kühlend	leicht bitter, scharf	beruhigend/schmerzlösend
Lindenblüten	neutral bis kühlend	süss, leicht scharf, adstringierend	Windhitze vertreibend/beruhigend
Maisgriffel	kühlend	leicht süss, adstringierend	feuchte Hitze ausleitend
Mariendistel	wärmend	scharf, bitter	Leber/Galle anregend

Odermennig	kühlend	leicht bitter, adstringierend	feuchte Hitze ausleitend
Orangenblüten	neutral	bitter, süss, leicht scharf	beruhigend/Schlaflosigkeit
Passionsblume	kühlend	leicht bitter, fad	beruhigend/Herz-Yin tonisierend
Pestwurz	wärmend	leicht scharf, bitter	Schleimkälte lösend
Pfefferminze	kühlend	scharf, leicht süss	Hitze absenkend/Schleim lösend
Rhabarberwurzel	kalt	bitter, adstringierend	Darm/Verstopfung lösend
Ringelblume	neutral	bitter, süss, scharf, salzig	Hitze und Toxine ausleitend
Rotklee	neutral bis kühlend	leicht süss, fad	entschlackend/feuchte Hitze
Schachtelhalm	kalt	leicht bitter, adstringierend, fad	Hitze ausleitend/Feuchtigkeit trocknend
Scharfgarbe	kühlend	leicht bitter, adstringierend, süss	Blut tonisierend/Schleimhitze ausleitend
Schlüsselblume	neutral	leicht süss, scharf	Schmerz lösend/Rheuma
Spargelwurzel	kühlend	süss, salzig	Yin tonisierend/abführend
Spitzwegerich	kalt	leicht adstringierend, salzig, bitter	entzündungshemmend
Süssholz	neutral	sehr süss, leicht bitter	Verdauungs-Qi anregend
Tausendgüldenkraut	kalt	sehr bitter	feuchte Hitze ausleitend/ Leber/ Gallenblase
Vogelmiere	kühlend	leicht süss, salzig	Yin tonisierend/Hitze ausleitend
Wegwarte	kühlend	bitter, süss, leicht salzig	Verdauung anregend/Hitze klärend
Weissdornblüten	kühlend	adstringierend, leicht süss	Herz-Qi tonisierend/beruhigend
Yamswurzel	kühlend	bitter, adstringierend	Verdauungs-Qi tonisierend
Zitronenmelisse	kalt	leicht bitter, sauer, adstringierend	Hitze absenkend/beruhigend

Jede Pflanze empfängt und speichert kosmisches Qi auf ihre eigene Art und Weise. Heilpflanzen wirken mit ihrem gesamten Wesen und gehen nicht nur spezifische Symptome an. Viele der Heilkräuter, die die Organe kräftigen und Körperfunktionen tonisieren, dienen nicht nur der Vorbeugung, sondern können auch ausgezeichnet zum Würzen verwendet werden.

Tabelle 13 | DIVERSES

Name	Thermik	Geschmack	Wirkung
Alkohol:			
– Bier	kühlend bis kalt	bitter, süss	Leberhitze kühlend
– Likör/Schnaps	heiss	scharf, bitter, süss	innere Kälte vertreibend
– Most	kühlend	sauer	Hitze kühlend/Säfte bewahrend
– Rotwein	wärmend	bitter, herb, süss	Yang tonisierend
– Weisswein	kühlend	sauer, süss	Yin tonisierend
Brottrunk	kühlend	sauer	Säfte bewahrend
Essig:			
– Obstessig	neutral	sauer	appetitanregend
– Rotweinessig	wärmend	sauer	appetitanregend
– Sherryessig	wärmend	sauer	appetitanregend
Fruchtsäfte	kühlend	süss, sauer	Säfte tonisierend
Gemüsesäfte	neutral	süss	Qi und Blut tonisierend
Getreidekaffee	neutral	bitter	Magen/Leber/Gallenblase anregend
Honig	neutral	sehr süss	Qi aufbauend/befeuchtend
Kaffee	warm	bitter	Herz/Kreislauf anregend
Kakao	neutral	bitter, süss	stärkend/anregend
Mineralwasser nature	kühlend bis kalt	salzig, fad	Yin (Nieren) tonisierend
Süssgetränke künstlich	kühlend bis kalt	sehr süss	Mitte erschöpfend
Tee grün	kühlend	bitter	Herz-/Kreislauf-/Leber-Yin tonisierend
Tee schwarz	neutral	bitter	Magen/Darm anregend und beruhigend

Die Zuordnung zu den Elementen erfolgt in erster Linie nach dem vorherrschenden Geschmack des betreffenden Lebensmittels. Manche Genussmittel haben zwei oder mehrere dominante Geschmacksrichtungen, wie z.B. Schnaps, der scharf, bitter (Aperitifgetränke) und süss (Likör) ist.

Rezeptverzeichnis nach Jahreszeiten

Frühlingsrezepte

Sommerrezepte

Herbstrezepte

Winterrezepte

Rezeptverzeichnis

Marlise Binetti-Kupper / Katriona Forrester

Yin Yang und die Kunst der natürlichen Küche

240 Seiten, zweifarbig illustriert

In einem unterhaltsam geschriebenen Einleitungsteil und 400 Rezepten zeigen die Autorinnen, welche Eigenschaften und Energien die verschiedenen Lebensmittel besitzen und wie man sie in der Ernährung optimal nützen kann, um Energie, Vitalität, Ausdauer, aber auch Entspannung, Harmonie und Ausgleich zu schaffen. Eine schmackhafte, gesunde Alltagsküche: einfach, schnell und phantasievoll.

Maria M. Kettenring

Aromaküche im Rhythmus der Jahreszeiten

Gesund und kreativ kochen mit ätherischen Ölen

144 Seiten, 40 Farbfotos

Ätherische Öle eignen sich hervorragend zum Verfeinern und Würzen in der Küche und sind eine ideale Ergänzung zu unseren heimischen Garten- und Wildkräutern: Sie verstärken und intensivieren den Geschmack und das Geruchsbouquet jeder Speise. Aussergewöhnliche und dennoch leicht nachvollziehbare Rezepte führen Sie in die Welt der Düfte und Aromen ein.

Sri Owen

Klassische asiatische Küche

160 Seiten, durchgehend farbig illustriert

Über 120 Rezepte – von Klassikern wie Peking-Ente und Satay-Spiesschen, thailändischem grünem Curry und indischen Samosas bis hin zu unbekannteren Genüssen – zeigen, wie Sie die feinen Düfte und intensiven Aromen Asiens auf einfache Weise auf den Teller bringen können.

Rose Elliot

Klassische vegetarische Küche

160 Seiten, durchgehend farbig illustriert

Die ganze Frische, Fülle und Vielfalt der vegetarischen Küche in über 200 Rezepten. Von Terrinen, Omeletten und Crêpes über gefüllte Teigtaschen, gefülltes Gemüse und Soufflés bis zu Rouladen, Gemüsekuchen und Pasteten, inspiriert aus den verschiedensten Küchen der Welt.

AT Verlag
Bahnhofstrasse 39–43
CH-5001 Aarau
Telefon 062/836 62 46
Fax 062/836 66 67
E-mail: info.buchverlag@azag.ch
Internet: www.at-verlag.ch